LETTRE

D'VN DOCTEVR EN THEOLOGIE à vne perſonne de condition & de pieté.

Sur le ſujet d'vn Libelle publié par les Ieſuites auec ce tiltre ſcandaleux. *Le grand chemin du Ianſeniſme au Caluiniſme, enſeigné par le ſieur Iean de Labadie*, &c.

MONSIEVR,

I'AY VEV le libelle que vous auez pris la peine de m'enuoyer, & tout ce que je vous en puis dire, c'eſt que les Ieſuites n'ont encore rien produit, qui fiſt paroiſtre dauantage leur paſſion & leur foibleſſe; & qui puiſſe faire plus de tort à leur reputation dans l'eſprit de tous les gens d'honneur & de probité. Il faut que la haine qu'ils ont conceuë contre les diſciples de ſaint Auguſtin, & qui ſe redouble tous les jours par la publication des beaux ouurages, qui eſtabliſſent ſi puiſſamment la doctrine diuine de ce grand ſaint ſur la ruine des noueautez pernicieuſes & erronées de leur Molina, les tranſporte auec vne eſtrange violence, pour déchirer par de ſi noires calomnies tant de Prelats, de Docteurs, & autres Eccleſiaſtiques tres catholiques & tres pieux, qui defendent la doctrine de Monſieur l'Eueſque d'Ipre, comme eſtant la vraye doctrine du ſaint Docteur de la grace, & qui honnorent la memoire de feu Mr. l'Abbé de ſaint Cyran, comme d'vn homme d'vne profonde

I. Injures & calomnies de ce libelle.

doctrine & d'vne tres-sainte vie : pour faire de ces deux grãds hommes des auteurs de sectes imaginaires, & oser dire, *que l'esprit des Iansenistes & Sancyranistes est tout à fait conforme à l'esprit & à la doctrine des Caluinistes*; pour joindre feu *M^r. de saint Cyran & M^r. Arnauld* Docteur de Sorbonne, pour lesquels seuls on a fait les Apologies dont ils parlent, *à des Illuminez qui sont dans les prisons de l'Officialité de Paris*, qui sont deux ou trois particuliers égallement fous & ignorans, comme si ceux qu'ils déchirent auoient publié des Apologies pour la defense de ces personnes, qu'ils ne virent jamais, & qui leur sont absolument inconnus, ce qui est la plus horrible de toutes les impostures : pour appeller des Prestres de IESVS-CHRIST, dont quelques-vns sont Docteurs de Sorbonne & Pasteurs du peuple chrestien & catholique, qui edifient tout Paris par l'exemple de leur vie, & par la predication de la parole de Dieu, *de petits doucets Reformez, qui sous vne belle apparence exterieure & des paroles sucrées cachent dans leur cœur le venin de Caluin, & le font couler dans les oreilles de leurs auditeurs & confidens, en attendant le temps fauorable de se faire Caluinistes à découuert:* Et enfin pour répandre leur fiel par vne vengeance basse sur ce qui doit estre de plus inuiolable à la calomnie, en accusant des Vierges consacrées à Dieu, qui sont en odeur de sainteté à tous ceux qui les connoissent, *d'estre plus proches de Charenton & de Geneue, que de Rome & de Nostre-Dame de Paris.*

II. Combien il est injuste de prendre l'Apostasie de Labadie pour fondement de ces injures horribles.

MAIS IL FAVT, Monsieur, d'vn autre costé, que dans ces transports si violens, qui leur font vomir tant d'injures en vne ou deux pages (qui est tout ce que ce libelle contient de leurs paroles) leur foiblesse soit extréme, & que la vertu de ceux qu'ils ont tant de passion de décrier, soit bien hors des prises de la médisance; puisque cherchant toutes les occasions de la ternir & de la défigurer dans l'esprit du peuple, ils n'ont pû trouuer d'autre fondement à leurs inuectiues scandaleuses que le sujet du monde le plus déraisonnable & le plus injuste.

Car s'ils croyent qu'il leur suffit qu'vn homme, qui a fait autrefois profession de soutenir les veritez de la grace, soit tombé depuis dans l'Apostasie, & ait quitté l'Eglise, quoy que pour d'autres sujets qu'eux-mesmes sçauent fort bien n'auoir rien de cõmun auec la doctrine de la grace : s'ils croyent, dis-je, que cela leur suffit pour traitter tous ceux qui soutiennent contre eux les sentimens de saint Augustin, de *Caluinistes couuerts qui n'attendent que le temps fauorable de se descouurir*; & pour appeller *le Iansenisme* (c'est à dire la doctrine de ce saint Docteur si excellemment expliquée par M^r^. l'Euesque d'Ipre) *le grand chemin au Caluinisme* : il n'y a point d'Ordre dans l'Eglise que l'on ne puisse auec autant de raison appeller *le grand chemin au Caluinisme*, puis qu'il n'y en a presque point, où il ne se trouue quelquefois de miserables Religieux, qui apres auoir esté long-temps dans la profession de cette vie sainte, apres mesme auoir esté ou predicateurs ou directeurs tombent de ce ciel dans l'abysme, & déchirant le sein de l'Eglise par leur double apostasie, laissent leurs freres dans la douleur & dans le regret du scandalle, que cette cheute peut causer aux foibles & aux imparfaits.

III. Des triomphes que les Iesuites ont faits de ce qui doit faire pleurer tous les vrais enfans de l'Eglise. Ep. ad Demetriad. c. 10.

MAIS IE VOVS auouë, Monsieur, que ce qui m'a estonné dauantage est, qu'au lieu que dans ces rencontres funestes tous les catholiques doiuent gemir en voyant vn de leurs freres sortir du sein de l'Eglise qui est *le Paradis* de la terre, comme les Peres l'appellent, & se jetter dans la Synagogue du diable, qui est l'Enfer de ce monde, les Iesuites au contraire animez d'vn zele amer & d'vn esprit de faction & de Schisme insultent à vn miserable, qui s'est rendu l'objet le plus digne de pitié qui puisse estre parmy les hommes, puis qu'il s'est precipité dans la misere de toutes la plus grande & la plus pitoyable, & ne luy insultent pas seulement, mais à leurs autres freres mesmes, qui demeurent comme eux dans le sein de l'Eglise catholique leur commune mere, & qui abhorrent autant le crime de ce perfide, qu'ils deplorent son mal-heur.

Car n'est-il pas épouuentable, Monsieur, que les Iesuites ayent comme chanté vn Cantique de joye & de triomphe, lors qu'ils ont veu que Dieu l'a abandonné, & que luy a abandonné l'Eglise, & que non seulement ils ayent tesmoigné leur joye par ce libelle, mais que dans vn autre qui est latin, & porte ce superbe tiltre de, *Triomphe de la verité Catholique contre les Nouateurs, où, Iansenius condamné*, qui est vn triomphe abominable des mensonges & des impostures les plus diaboliques qui furent jamais, ils ayent parlé de ce libelle qui contient vn *aduis au Lecteur* de douze lignes, quelques petites remarques du Iesuite, & vn recueil de quelques endroits de la declaration & de la lettre de Labadie en disant: *Qu'ils l'ont publié depuis peu de jours dans tout Paris auec* L'APPLAVDISSEMENT *public de tous les catholiques, &* LA HONTE ET L'AFFLICTION *publique de tous les Iansenistes.* Quoy donc, Monsieur? Si vn Iesuite & vn Moliniste se fait Huguenot, *les Catholiques*, c'est à dire les Iansenistes s'en doiuent réjouïr & en *triompher* par des libelles; & si vn Iansenîste, comme le sieur de Labadie se fait huguenot de mesme, *les catholiques*, c'est à dire les Iesuites & les Molinistes en doiuent battre des mains, en faire *des applaudissemens publics*, & en chanter des *triomphes.* Quelle nouuelle Theologie morale est celle de ces bons Peres, Monsieur? l'Eglise catholique animée du saint Esprit qui est la charité mesme, estant la mere la plus charitable de toutes les meres, verse des larmes lors quelle voit vn de ses enfans se laisser aller à des visions folles, à des vices infames, & en suite à l'heresie. Elle plaint ces premiers desordres *qui noircissent l'ame, comme vn miroir est noircy par de la bouë*, ainsi que le marque sainte Therese: mais elle pleure ce dernier *qui brise & casse ce miroir en mille pieces* selon cette grande sainte, & elle le pleure dautant plus, qu'il n'y a point de crime, que la grace de Dieu & le Sacrement de Penitence ne puisse expier tant qu'on demeure dans l'Eglise catholique, qui seule a receu les clefs & la puissance pour remettre les

Triumphus catholicæ veritatis aduersus Nouatores, siue Iansenius damnatus.

Cuius fragmenta ante aliquot dies summo omnium catholicorũ applausu, & Iansenianorum dedecore ac plãctu tota Parisiorum ciuitate vulgata sunt. *Catholicis lectoribus.*

pechez : au lieu que tant qu'vne ame eſt hors de l'Egliſe, elle eſt incurable & deſeſperée.

Cette meſme Egliſe eſt rauie de joye, lors que ſon enfant apres auoir diſſipé toute ſa ſubſtance & quitté la maiſon de ſa mere, éclairé d'vn rayon de grace vient à reconnoiſtre, qu'il a peché contre le ciel & contre elle, ſort du fond de ce precipice & de ces tenebres, retourne à cette maiſon de la diuine lumiere, & auec vne humilité profonde ſe vient jetter aux pieds de l'Egliſe ; & nous aujourd'huy, qui ſommes enfans de cette mere par la ſouueraine miſericorde de Dieu, & qui deuons ſuiure ſon eſprit qui eſt vn eſprit de charité, nous en ſuiurons vn autre qui eſt eſtranger : qui n'eſt pas d'vne mere, mais d'vne ennemie : qui n'eſt pas de charité, mais d'aigreur : qui n'eſt pas de religion, mais de faction ; & nous nous réjouïrons d'vne aduanture comme fauorable à noſtre party, quoy qu'elle ſoit pernicieuſe & mortelle au ſalut d'vn de nos freres, & qu'elle ſoit ſcandaleuſe à noſtre commune mere qui deplore la perte de ſon enfant ? O nouuelle Theologie morale, je le repete, Monſieur ! O conduite, que la ſeule amertume de l'erreur & la ſeule violence de la paſſion peut inſpirer aux Ieſuites ! La mere pleure la perte de ſon fils, qui s'eſt reuolté contre elle. Elle la regrette auec tendreſſe & auec larmes comme Dauid regrettoit celle du ſien, quoy que rebelle & parricide, & dit encore comme luy, *Mon fils Abſalon, mon fils*, *2. Reg. 19. 4.* & ſes enfans riront de la mort ſpirituelle de leur frere ? La mere eſt dans l'affliction & dans la douleur ; & les enfans ſeront dans la joye & dans le rauiſſement ? La mere, qui eſt la celeſte *colombe*, n'a que des *gemiſſemens* dans le mal-heur de ſon fils & point de fiel ; & ſes enfans n'auront dans le mal-heur de leur frere que *le fiel des dragons & le venin des aſpics* ?

Nahum. 2. 7. *Deut. 32. 33.*

IV. Qu'ils imitent par ces triomphes la conduite des Juifs, des Heretiques, & des Payës.

ENFIN, MONSIEVR, l'Egliſe deplore la perte du ſieur de Labadie, qui de ſon enfant eſt deuenu ſon ennemy : Les diſciples de ſaint Auguſtin, que les Ieſuites appellent Ianſeniſtes eſtant enfans de l'Egliſe en ſont affligez comme elle, selon qu'ils le tesmoignent eux-mesmes. Qui en rit donc? *qui en applaudit & qui en triomphe?* Les Ministres huguenots dans Montauban, les demons dans l'Enfer, & les Iesuites dans leurs maisons, & par leurs libelles dans tout Paris. Pouuoient-ils monstrer plus visiblement que l'esprit de leur Molinisme, n'est que l'esprit de l'erreur semipelagienne pareil à celuy de l'heresie, & d'vne faction toute politique, & non de la verité catholique & de la charité chrestienne?

Car nous apprenons de l'Eglise mesme dans le cours de son histoire, que c'est là le veritable esprit & le caractere de l'heresie & du schisme opposé au sien, & à celuy de ses Saints & de ses Peres. Nous voyōs que Tertullien s'estant jetté dans le party des Montanistes, se réjouït & triomphe de ce que Pristin catechumene qui estoit du nombre des Confesseurs de la communion catholique, estoit tombé dans l'apostasie par la crainte des tourmēs. Il escrit vne relation de sa cheute dans l'vn de ses liures pour l'apprendre à toute la terre & à toute la posterité. Et le Cardinal Baronius dit de luy sur ce sujet: *Quels* APPLAVDISSEMENS *ne fit il point? Il represente cét accident comme ignominieux & comme* HONTEVX. *Il tasche par son liure d'en rendre la memoire perpetuelle.* IL INSVLTE, IL TRIOMPHE, IL EXAGGERE; Et sur ce que les catholiques l'accusoient des abstinences extraordinaires qu'il pratiquoit comme si elles eussent esté de necessité, & que luy ordonnoit à ses martyrs, qui comme chrestiens ne vouloient pas sacrifier aux idoles, de ne manger que des choses seches, & d'estre tres austeres dans leur viure, au lieu que ceux de la communion catholique vsoient de la liberté que l'Eglise leur donnoit de manger de toutes les viandes, il prend aduantage de la cheute de ce miserable, comme si la nourriture dont il auoit vsé dans la prison, & que les catholiques luy auoiēt apportée eust esté la cause de son apostasie, & dit: *C'est donc pour cela que ceux qui preschent vne discipline sobre & austere sont de faux prophetes, & que ceux qui la gardent*

Tertull. de jejun. adu. Psych. c. 12.
Baron. an. 201.

sont

ſont des heretiques? Niez maintenant que le Paraclet ſoit dans Montan, qui eſt vn predicateur d'abſtinence, & croyez qu'il eſt dans Apice, qui eſt vn predicateur de la bonne chere. Hæc ille, dit Baronius, *furoris flammas euomens.* L'Egliſe catholique pleuroit l'apoſtaſie de ſon enfant, & Tertullien qui n'eſtoit plus dans l'Egliſe en triomphoit. L'Egliſe attribuoit cet enorme crime à la tentation du diable, à la foibleſſe humaine, à vn jugement de Dieu egallement terrible & adorable, & Tertullien animé d'vn autre eſprit l'attribuoit à la doctrine de l'Egliſe, qui eſtoit contraire à la ſienne.

Nous voyons, dit ſaint Hieroſme, *que lors que les Empereurs payens perſecutent l'Egliſe de Ieſus-Chriſt, ſi quelque catholique, ou par la violence de la perſecution, ou par la douceur des mortelles voluptez vient à tomber dans l'apoſtaſie*, LES HERETIQVES S'EN REJOVISSENT, LES IVIFS EN RIENT, *& ſont du nombre des perſecuteurs auſſi-bien que les payens.* L'Egliſe en pleuroit, parce que c'eſt vne mere charitable, les catholiques en pleuroient, parce qu'ils participoient à ſon eſprit: mais les heretiques & les Iuifs en triomphoient, quoy qu'ils condamnaſſent l'idolatrie, comme les Ieſuites le Caluiniſme, parce que l'eſprit de faction & d'erreur eſt vn eſprit d'orgueil & d'amertume, d'inſolence & de dureté. *In Abdiam.*

NOVS VOYONS que le V. Concile de Carthage tenu en 400. ou 401. *ordonnne que des Eccleſiaſtiques ayant eſté conuaincus d'vn crime & excommuniez, s'ils veulent ſe pouruoir au Concile pour faire de nouueau reuoir leur procez, & juſtifier leur innocence, ils le pourront faire dans l'année*, *afin*, dit-il, *de faire ceſſer l'ignominie du particulier*, L'OPPROBRE DE L'EGLISE, ET L'INSVLTATION INSOLENTE DES HERETIQVES ET DES INFIDELLES. D'où il paroiſt, que l'Egliſe meſme, qui excommunie vn Eccleſiaſtique comme criminel, en reçoit de *l'opprobre*, parce que le crime d'vn de ſes Miniſtres & de ſes Officiers retombe ſur elle & la des-honore, & que l'apoſtaſie d'vn de ſes Preſtres qui la quitte pour prendre le party de *Concil V. Carth. c. 12.*

V. Combien l'eſprit de l'Egliſe eſt opposé à cette conduite inhumaine.

celle qui luy fait la guerre, luy est encore vn plus grand sujet de honte & d'opprobre, dont elle-mesme & tous ses veritables enfans s'affligent autant, comme les heretiques & ses autres ennemis luy insultent & s'en réjouïssent.

Nous voyons que le Concile Oecumenique d'Ephese ayant trauaillé de tout son pouuoir pour ramener à la verité catholique l'Heresiarque Nestorius, qu'il appelle *tres-impie* & *nouueau Iudas*, ne luy prononça neantmoins le jugement de sa deposition & de son excommunication, qu'en declarant, *qu'ils fondoient en larmes, & que c'estoit par necessité qu'ils rendoient contre luy cette triste & cette lugubre sentence.* Voila l'esprit des saints Conciles, voila l'esprit catholique.

Concil. Ephesin. p. 204. apud Bin.

Et enfin nous voyons dans les actes du Concile general de Chalcedoine que saint Flauien Patriarche ~~d'Antioche~~ de Constantinople, sur ce que l'impie heresiarque Eutychez, le plus grand fourbe & le plus scelerat de tous les anciens heretiques, s'excusoit de venir au Concile, feignant qu'il estoit malade, il respondit aux Religieux & à vn Abbé qu'il auoit enuoyé vers luy, en ces sages & venerables paroles: *Nous ne voulons point le presser. Car nous ne desirons pas le retranchement d'vn membre de l'Eglise mais l'accroissement; & Dieu ne se réjouït pas de la perte des hommes qui viuent. Nous ne sommes pas des enfans d'inhumanité: mais des imitateurs de la clemence de Dieu; qui exige de nous les œuures de misericorde & de charité. Qu'il vienne au Concile: Il ne viendra qu'à ses peres & à ses freres qui le connoissent & qui l'aiment encore. Nous sommes tous hommes. De tres-grands personnages sont tombez dans des erreurs scandaleuses, & ont esté trompez par imprudence ou par insuffisance, croyant qu'ils suiuoient la verité. La penitence n'apporte point de confusion: mais il n'y a de la honte qu'à demeurer dans sa faute & dans son erreur. Nous ne desirons point vous chasser auec luy de l'Eglise mais vous y retenir. Les ennemis dispersent & dissipent: mais les peres rassemblent & reünissent.* Et les Euesques assemblez depuis au Concile general, où ces actes du premier

Concil. Chalced. Act. 1.

Concile tenu par ce saint Patriarche furent leus, ne prononcerent à cet heresiarque la sentence de sa deposition & de son excommunication, qu'en *pleurant sa perte absoluë & en gemissant.* Ibid. p. 93.

Et nous voyons encore, que ce mesme esprit des saints Peres de l'Eglise s'est conserué à l'égard mesme des Lutheriens & des Caluinistes en particulier, dans deux des plus grandes ames de ces derniers siecles. L'illustre sainte Therese qui dit : *Que la vision qu'elle eut de l'Enfer, luy fit conceuoir vne vehemente douleur du grand nombre des Lutheriens* (elle entend aussi les Caluinistes) *qui se damnent, principalement parce qu'ils estoient desia membres de l'Eglise par le sacrement de baptesme :* Et le B. François de Sales Euesque de Geneue la capitale de l'heresie, qui en a tant ramené à l'Eglise par ses charitables remonstrances & ses sermons, & qui dit en l'vne de ses lettres : *I'aime la predication qui ressent plus l'amour du prochain que l'indignation ; voire mesme des Huguenots, qu'il faut traitter auec grande compassion ; non pas les flattant, mais les deplorant.* Dans sa vie ch. 32. Liu. 1. Ep. 31.

Que si l'Eglise deplore le mal-heur de ses enfans qui se rendent apostats ou heretiques, si les Euesques vrayement catholiques & charitables *ne les condamnent qu'en versant des larmes :* s'ils *pleurent leur cheute & leur perte :* si les saints & les saintes ont *vne vehemente douleur & vne grande compassion voyans qu'ils se damnent ;* de quel esprit sont animez ceux qui en *rient* comme les heretiques, qui en *triomphent* comme les Iuifs, qui *insultent* à la cheute de leur frere, comme les ennemis de l'Eglise ? Est-ce la verité catholique qu'ils soustiennent, puis qu'ils n'ont rien de la charité catholique ? Est-ce la foy de l'Eglise qu'ils defendent, puis qu'ils n'ont rien de l'esprit & de la tendresse de l'Eglise ? Est-ce comme enfans zelez pour l'honneur de cette mere sacrée qu'ils agissent en tous ces combats, & non pour l'honneur propre de leur Molina & de leur Societé, puis qu'ils se réjouïssent de ce que l'apostasie d'vn catholique qui est la damnation d'vne ame & vne eſpece d'opprobre à l'Egliſe, eſt vn ſujet de gloire à leur Compagnie?

VI. Que l'hiſtoire de leur Pere Jarrige qui ſe fit huguenot en 1647. les deuoit rendre plus ſages.

Senec. lib. 4. c. 7. de amicitia.

Ibid.

Mais ce qve je trouue, Monſieur, de plus étrange en cette rencontre, n'eſt pas que des hommes ſoient piquez contre d'autres hommes d'vne enuie & d'vne animoſité ſi violente, *qu'ils croyent*, comme vn Philoſophe payen dit elegamment, *deuenir riches par leurs pertes, heureux par leurs mal-heurs, & immortels par leur mort.* Ce qui m'eſtonne le plus, eſt qu'ils ne conſiderent pas ce que ce meſme Auteur remarque, *Que ceux qui inſultent aux infortunes des autres, ne ſont d'ordinaire que ceux qui ne les ont pas eſprouuées: D'où il arriue auſſi que l'inconſtance des choſes du monde deuient la juſte vangereſſe de leur inſolence en les faiſant tomber apres dans les meſmes maux.* Car les Ieſuites ont ils oublié, qu'il n'y a que trois ans, que le P. Iarrige Ieſuite de la prouince de Guyenne, eſtant parmy eux en leur college de la Rochelle, eſtant *profez du quatrieſme vœu, Predicateur, Confeſſeur de tous leurs peres en ce college, Prefet des choſes ſpirituelles, & Admoniteur du Recteur*, ce ſont ſes paroles, ſortit de leur maiſon apres y auoir demeuré vingt-quatre ans, & s'en alla abjurer la foy catholique au conſiſtoire des Miniſtres Rochelois par *vn acte public* du 25. Decembre 1647. lequel les Miniſtres de Charenton firent imprimer auec les *lettres* qu'il eſcriuit *au P. Cadiot Recteur du college, & au P. Rouſſeau Prouincial:* que le meſme P. Iarrige eſtant huguenot & coupable d'vne double apoſtaſie, (ce qui le rendoit encore plus criminel que le ſieur de Labadie) fit comme luy vne *Declaration* à Leyde en Hollande où il s'en alla en ſuite, dattée du 25. de Mars 1648. laquelle fut imprimée par luy, & publiée par les Miniſtres de Charenton, qui triomphoient de la reuolte de ce Preſtre & de ce Religieux catholique, deuenu par vn ſacrilege abominable nouueau partiſan de leur perfidie & de leur impieté.

La conuerſion de M. Iarrige cy-deuant Ieſuite Confeſſeur & pere ſpirituel, &c. *Imprimée en 1648.*

Declaration du ſieur Pierre Iarrige cy-deuant Ieſuite profez du quatrieſme vœu & predicateur, prononcée dãs le Temple de l'Egliſe Françoiſe de Leide le 25. Mars 1648. *A Leide.*

Comment le ſouuenir d'vne hiſtoire ſi recente, ſi funeſte, ſi ſcandaleuſe, & qui eſtoit encore plus deplorable que celle-cy, n'a-t'elle point temperé la violence de leur aigreur pour leur faire considerer, que ce n'estoit pas à eux à insulter aux disciples de saint Augustin, lors qu'vn Ecclesiastique qui a esté quinze ans Iesuite, qui depuis a esté Predicateur, & faisoit profession de suiure les sentimens du saint Docteur de la grace, & enfin s'estoit reuestu de l'habit d'vn Religieux Carme dans vn Monastere, se voyant poursuiuy par son Euesque pour des attentats sacrileges & punissables, s'est refugié à Montauban, & a abandôné son ame pour mettre en seureté sa personne; puis qu'vn Iesuite, profez du quatriesme vœu, & ayant des emplois honorables parmy eux (au lieu que Labadie n'auoit plus depuis cinq ans aucun employ, & n'estoit point auec les Docteurs de Sorbonne disciples de saint Augustin, s'estant tenu caché & retiré depuis qu'il fut chassé par Monseigneur l'Archeuesque de Toulouse) sans estre poursuiuy ny de ses superieurs, ny de qui que ce fust, estoit sorty de leur college reuestu de leur habit, & auoit embrassé la foy de Caluin, qu'il a depuis professée durant deux ans; & que s'il suffit qu'vn homme ait esté ou Religieux ou Ecclesiastique ou d'vne autre condition, pour insulter à la Compagnie & à l'estat d'où il est sorty lors qu'il a quitté l'Eglise, il faut qu'ils reconnoissent, qu'ils auront part eux-mesmes à ce bel eloge, & que leur Societé aussi-bien que *les autres Societez Religieuses*, dont le P. Iarrige dit luy-mesme, *qu'il y a des Apostats en Hollande, qui sont encore dans la fange de l'erreur, & n'y sont retenus que par la crainte des peines*, que le sieur de Labadie a voulu euiter, pourra estre appellé aussi-bien que les autres *le grand chemin au Caluinisme*, puis que l'exemple du P. Iarrige a montré qu'il n'y auoit pas plus loin de la maison des Iesuites au presche des huguenots, que de tout autre endroit de l'Eglise.

Retractation du P. Iarrige p. 6.

ET C'EST ICY, Monsieur, où je vous supplie de considerer, combien la conduite des disciples de saint Augustin a esté differente de celle des Iesuites en vne mesme rencontre, combien elle a esté modeste, sage,

VII. Que les Disciples de saint Augustin au lieu de prendre auãtage de l'apostasie du Pere

Iarrige, en ont gemy auec l'Eglise.

retenuë, au lieu que celle des Iesuites est si indiscrette, si injurieuse, & si insolente. Lors que les Ministres Caluinistes se réjouïssoient de l'apostasie du P. Iarrige Iesuite, auons-nous fait des liures pour prendre aduantage d'vn si grand scandale contre ceux, qui nous objectoient faussement que nous suiuions la doctrine de Caluin, lors qu'vn de leurs Profez & de leurs Predicateurs embrassoit publiquement le Caluinisme ? Tout Paris est tesmoin, que nous sommes demeurez dans le silence, & Dieu est tesmoin, que nous auons gemy de l'apostasie de ce mal-heureux ; que nous auons detesté son crime, & joint nostre douleur à celle qu'auoit l'Eglise nostre chere mere dans la reuolte de cet enfant. Comme saint Augustin, dont nous faisons gloire d'estre disciples touchant la Grace, n'est pas nostre maistre particulier, mais *le maistre de toute l'Eglise*, ainsi que l'ont appellé les plus saints Papes, & comme sa doctrine celeste n'est pas nostre doctrine particuliere, mais *celle de l'Eglise Romaine* qui la garde comme vn depost sacré qu'elle a receu de la main de tant de souuerains Pontifes.

Ep. 8. Cælestin. Pap. ad Episc. Gall.

Nous n'auons point eu en cette occasion de la cheute de ce Iesuite, que les sentimens communs & generaux que la religion & la pieté catholique doit inspirer à tous les fidelles dans vne injure qui est faite à Dieu, & dans vne playe que reçoit l'Eglise. Au lieu que les Iesuites renonçant à ces sentimens catholiques & vniuersels, parce que la doctrine de leur Molina Iesuite est la propre & particuliere doctrine de leur Ordre, qu'ils se sont obligez de soustenir, & qu'ils ont soustenuë contre les disciples de saint Thomas deuant deux Papes Clement VIII. & Paul V. ils ont tesmoigné qu'ils ont plus les mouuemens de Religieux d'vne Societé passionnée pour son party, que de simples catholiques, qui ne sont zelez que pour la seule verité catholique & Augustinienne qui est à l'Eglise, & non point à eux : qu'ils n'agissent que par vn interest humain, & non par vn zele ecclesiastique: qu'ils oublient leur nom de Chrestien, de Catholiques, de Religieux, qui les obligent, comme dit saint Basile *à n'auoir que des sentimens de tristesse, lors qu'ils voyent qu'vne personne se damne* en passant de l'Eglise dans l'heresie, & ne se souuiennent d'autre chose sinon, qu'ils sont Iesuites, qu'ils sont Molinistes, qu'ils sont ennemis & persecuteurs de l'Augustin de Monsieur l'Euesque d'Ipre, & de tous ceux qui l'honnorent comme ne contenant qu'vn tres-fidelle rapport de la doctrine du plus eminent des Peres ; & que s'ils doiuent estre affligez de cet accident lamentable lors qu'il arriue à vn Iesuite comme eux, ils doiuent estre gais & triomphans lors que le mesme mal-heur arriue à vn Prestre catholique, qui preferoit saint Augustin à Molina, & qui s'estant remply l'esprit de vieilles visions qu'il auoit euë estant Iesuite, s'est perdu par ses egaremens propres, & s'est fait apostat pour euiter la justice episcopale. *Basil. Regul. breu. reg. 31.*

Enquoy, Monsieur, ils montrent bien ce me semble, qu'ils sont plus affligez du scandale qui retombe sur leur Ordre que de celuy qui retombe sur l'Eglise, laquelle *en souffre de l'opprobre*, comme dit le V. Concile de Carthage, & sur *la verité* catholique, que ces mal-heureux abjurent, *laquelle en souffre vn affront*, comme dit le mesme Pere Iarrige, puis que le mesme *opprobre* fait à l'Eglise, & le mesme *affront* fait à la verité de Dieu & de son Espouse ne les touche point, lors qu'ils croyent auoir la moindre couleur pour faire retomber vne partie de cette injure & de cette honte sur des Docteurs de Sorbonne, & autres Theologiens tres-catholiques qu'ils haïssent, & qu'ils s'efforcent de dechirer & de perdre par toutes les voyes de mensonges, d'impostures & d'artifices, qu'vn esprit d'erreur, vn esprit de haine, vn esprit de vengeance, vn esprit d'vne Societé vlcerée, qui voit sa vaine science confonduë, & sa haute presomption vn peu rabattuë, est capable d'inspirer. *Retractat. p. 10.*

VIII. Que c'est le procedé des méchans selon S. Au-

MAIS IL NE FAVT pas s'estonner, Monsieur, si les disciples de saint Augustin ont gardé vn religieux silence, & participé à la douleur de l'Eglise lors de la sortie *gustin, de se seruir de la faute d'vne seule personne de pieté, pour décrier tous les autres.*

Possid. Vita S. Aug. c. 14.

scandaleuse du Pere Iarrige de la Societé des Iesuites & de sa retraitte dans le Caluinisme; puis qu'ils n'ont fait en cela que suiure la sainte conduite de leur diuin maistre, dont l'Euesque Possidе écrit en sa vie: *Qu'il estoit rauy lors que par son ministere ou par celuy d'autres Euesques, il voyoit le nombre des enfans de l'Eglise se multiplier & s'accroistre par la conuersion des heretiques ou Manichéens, ou Donatistes, ou Pelagiens, ou des idolatres: qu'il fauorisoit tous les bons desseins & toutes les bonnes œuures: qu'il toleroit charitablement & saintement les desreglemens des freres: qu'il gemissoit des iniquitez des meschans, soit de ceux qui estoient dans l'Eglise soit de ceux qui estoient hors de l'Eglise, se réjoüissant ainsi de tous les gains que Dieu faisoit, & s'attristant de toutes ses pertes.* Et ils auoient encore appris de sa propre bouche à fuïr le procedé des Iesuites, lequel il condamne en la personne de quelques mauuais catholiques, & lequel il exhorte, tant son Clergé que son peuple, à ne pas suiure dans l'occasion d'vn scandale qui estoit arriué à l'vn des Prestres de son Clergé & de sa Communauté nommé Boniface.

Aug. Ep. 137.

Pour moy, dit-il, *mes chers freres, j'ose vous dire selon le peu d'amour que je puis auoir pour Iesus-Christ ces paroles de saint Paul. Qui d'entre vous s'affoiblit sans que je m'affoiblisse auec luy? Qui d'entre vous tombe dans quelque scandale sans que j'en sois affligé & brûlé? N'augmentez donc pas ma douleur en offensant Dieu, ou par vos soupçons faux, ou par les aduantages que vous prenez, & les mauuais jugemens que vous faites des pechez des autres. Ne tombez pas dans ce defaut je vous prie, de peur que je ne dise de vous: Ils ont adjousté de nouuelles douleurs à celles de mes blessures. Ne soyez pas du nombre de ceux qui se réjoüissent de ces douleurs que nous auons ressenties en cette rencontre: desquels il a esté predit il y a desia tant de siecles en la personne du corps de Iesus-Christ: Ceux qui estoient assis à la porte insultoient à mon Malheur, & les autres qui beuuoient du vin chantoient des chansons scandaleuses contre moy. Il est plus tolerable que nous supportions ces personnes, pour lesquelles mesmes nous auons accoustumé de prier Dieu, & à qui nous sçauons que nous sommes obligez de vouloir du bien. Car pourquoy se terminent-*

tiennent-ils assis & qu'attendent-ils autre chose, sinon que lors qu'vn Euesque, qu'vn Ecclesiastique, qu'vn Religieux, qu'vne Vierge sera tombée, ils se persuadent aussi-tost, ils crient, ils publient, QVE TOVS LES AVTRES LVY RESSEMBLENT, MAIS QVE TOVS NE PEVVENT PAS ESTRE DECOVVERTS. *Cependant nous ne voyons pas qu'eux-mesmes, si vne femme mariée est surprise en adultere, repudient aussi tost leurs femmes, & accusent leur meres comme adulteres : & lors que quelqu'vn de ceux qui professent vne vie sainte sont soupçonnez de quelque crime qui est faux, ou conuaincus d'vn veritable, ils font aussi-tost tous leurs efforts, ils employent toute leur adresse, ils respandent toutes leurs medisances dans le public,* AFIN QV'ON CROYE LE MESME DE TOVS LES AVTRES. *Ces personnes ne trouuent rien de si doux à leurs langues malignes que nos playes & nos douleurs, & nous les pouuons comparer à ces chiens qui lechoient les vlceres de ce pauure, qui estoit couché prés de la porte du riche, jusqu'à ce qu'il fust enleué dans le sein d'Abraham par les mains des Anges.*

Voila nostre oracle & nostre regle, Monsieur. Voila le mal que nous auons appris de ce grand Saint à ne pas faire dans l'apostasie du Pere Iarrige Iesuite; mais que nous auons appris à souffrir des Iesuites dans celle du sieur de Labadie, où nous voyons qu'ils ont aussi-tost publié vn libelle auec ce titre injurieux & scandaleux; *Le grand chemin du Iansenisme au Caluinisme*, &c. & dit dans leur aduis au Lecteur : *Que tost ou tard le Iansenisme conduit au Caluinisme, & que le Port Royal, s'il persiste dans les sentimens de ses directeurs, est plus proche de Charenton & de Geneve que de Rome & de Nostre-Dame de Paris; Que ces petits Doucets Reformez sous vne belle apparence exterieure, & des paroles sucrées cachent dans leur cœur le venim de Caluin, & le font couler dans les aureilles de leurs auditeurs & confidens, en attendant le temps fauorable de* SVIVRE A DECOVVERT, *& sans feintise l'exemple déplorable du susdit Labadie.* C'est à dire où nous voyons, comme dit saint Augustin, que sur ce qu'vn seul Prestre catholique, qui faisoit profession de prescher la doctrine de saint Augustin, s'est perdu depuis par des excés qui luy font particuliers, & n'ont nul rapport à cette doctrine ; & s'est jetté dans l'apostasie, *ils se persuadent aussi-tost, ils rient, ils publient, que tous les autres luy ressembent, mais que tous ne peuuent pas estre* DECOVVERTS: *ils font tous leurs efforts, ils employent toute leur adresse, ils respandent toutes leurs medisances dans le public, afin qu'on croye le mesme de tous les autres.* Et il estoit raisonnable, Monsieur, selon cette parole celebre que feu Monsieur le Cardinal de Berule a dit autrefois au P. Gibieuf de qui plusieurs personnes de condition l'ont apprise & mesme imprimée : *Que les Iesuites ayant abandonné la doctrine de S. Augustin touchant la grace, qui a toujours esté celle de l'Eglise catholique, apostolique & romaine, pour suiure & defendre les opinions de* MOLINA LEVR CONFRERE, *auoient causé vn schisme dans la grace de Iesus, & que les maux qui leur estoient arriuez & ceux qui leur pourroient arriuer, seroient des chastimens dont Dieu les puniroit à cause de cette faute*, suiuissent en cette rencontre le procedé & l'esprit que condamne saint Augustin, & non celuy de saint Augustin, dont ils rejettent aussi-bien la conduite morale comme trop pure, que la doctrine apostolique comme trop diuine.

IX. Autre exemple de la moderation des disciples de S. Augustin, qui n'ont point reproché aux Iesuites la mort funeste d'vn de leurs Peres, quoy qu'horriblement calomniez par eux sur ce mesme sujet.

Gregor. lib. 30. Mor. c. 7. Adrian. 2. in libello per legatos lecto in synod. 8. Act. 1. Concil. Lemouic. sess. 2. ex Ms. bibl. Thuan.

MAIS QVANT A NOVS, Monsieur, qui sçauons que les enseignemens des Peres & la Tradition de l'Eglise, n'ont pas lieu seulement pour les dogmes, mais aussi pour les mœurs & la discipline, comme les Papes & les Conciles nous l'ont appris, nous auons creu deuoir demeurer dans les sentimens de douleur & de moderation, lors qu'vn Iesuite s'est fait Apostat. Et nous auions encore prattiqué cette mesme retenuë en vne rencontre toute pareille & tres-memorable, où la publication qu'ils auoient faite par leurs escrits d'vne medisance atroce & sanglante contre nous, qui estoit vne imposture noire & honteuse, n'a pû nous porter depuis à y respondre, en leur opposant vne verité publique, qui estoit scandaleuse à tout leur Ordre, & dans la mesme espece sur laquelle ils auoient voulu nous des-honorer, en faisant croire (j'ay horreur de dire seulement en rapportant leurs paroles, ce qu'ils n'ont pas eu horreur de dire en mentant auec vne impudence sans exemple) que des Prestres de IESVS-CHRIST, des Docteurs de Sorbonne & autres personnes d'honneur & de pieté, qui estiment le liure de la frequente Communion, comme ne contenant que la doctrine des Peres, que plus de vingt Euesques de France & plus de vingt Docteurs de Sorbõne ont tant approuuée & tant loüée, sont disposez à se perdre, à se tuer eux-mesmes, & à se precipiter dans l'Enfer. Il faut que vous sçachiez, Monsieur, qu'ils ont eu le front de nous vouloir rendre coupables de la mort funeste d'vn Prestre Missionnaire, homme de visions & de reuelations s'il en fut jamais, qui estant allé à Mets auec d'autres Ecclésiastiques tres-pieux, troublé de quelque phrenesie, ou tenté par le diable *estant tres-sain d'esprit & de corps*, comme disent les Iesuites, se tua luy mesme. Ils n'ont point rougy de nous accuser publiquement dans vn liure d'vn de leurs Peres imprimé & publié à Paris en 1645. de l'auoir engagé dans ce desespoir & ce precipice sans resource, en disant : *qu'il accusoit d'hypocrisie sa* PENITENCE REFORMEE, lors qu'il se preparoit à ce parricide, quoy qu'il soit constant & que tous les autres qui trauailloient auec luy aux Missions, sçachent qu'il suiuoit vne conduite toute commune & la plus facile qu'on puisse suiure, sans qu'il mist en pratique la doctrine des saints Peres, laquelle mesme il n'auoit point estudiée, sans qu'il eust aucune habitude auec P. R. ny aucune affection pour cet excellent liure dont ils parlent. Et ils ont encore passé plus auant : Car estant alors animez du mesme esprit d'erreur contre les sentimens catholiques & tres-salutaires des saints Peres de l'Eglise touchant la penitence & la preparation à l'Eucharistie, qu'ils sont aujourd'huy contre ceux de S. Augustin touchant la grace, ils ont voulu suiure parfaitement le procedé des schismatiques & des heretiques, en disant de tous les disciples de ces saints Docteurs ces

Application de la censure du Pacifique au liure de la freq. Com. p. 33.

Ibid.

paroles effroyables, & plus dignes de la malignité & de la fureur du schisme & de l'heresie, que de la sincerité & de la justice, je ne diray pas de Religieux & de Prestres, mais de sages payens & d'honnestes Iuifs. *Les fureurs*, disent-ils, *& les tristes desespoirs qui ont saisi ce mal-heureux zelé de la nouueauté de nos temps, dont nous deplorons la misere, & qui luy ont fait tourner ses mains parricides contre sa propre vie pour estre le bourreau de soy-mesme*, SONT DES PRESAGES ASSEVREZ DE LA PERTE *de ceux qui s'engagent aujourd'huy sous la tyrannie de l'erreur.* Monsieur Habert mesme alors Theologal de Paris & depuis Euesque de Vabres entrant dans leur conduite pour soutenir leur doctrine, insulta encore peu apres sur la foy du liure de ce Iesuite aux disciples de saint Augustin, en disant: *On a reproché par escrit au Iansenisme, que ses opinions cruelles ont esté cause il n'y a pas long-temps du desespoir d'vn de la secte, qui les ayant long-temps tenuës & publiées, enfin en estant luy-mesme espouuanté, s'est enfoncé le cousteau dans le sein & donné la mort.* Enquoy il adjoutoit vne nouuelle fausseté à cette honteuse & grossiere calomnie, puis qu'il attribuoit à la doctrine Augustiniene de la grace, que ce Prestre ignoroit absolument, ce que le Iesuite attribuoit à celle de la penitence: ces deux accusateurs imitant le procedé de ces deux vieillards qui accuserent la chaste Susanne, & se rendirent tous deux conuaincus de faux tesmoignage par la difference de leurs depositions.

Application de la censure du Pacifique au liure de la fr. Com. p. 33.

Monsieur Habert dans son liure intitulé: *La defense de la Foy de l'Eglise 1. part. ch. 1.*

Cependant quoy que la calomnie d'elle-mesme & encore plus celle qui est horrible & outrageuse *trouble le sage* selon l'Escriture: neantmoins lors que Dieu en 1647. deux ans seulement apres abandonna tellement vn Iesuite, qui estoit arriué le soir par la voye du coche se portant tres-bien en la petite ville de Chastres, qui est à six lieuës de Paris sur le chemin d'Orleans, qu'ayant voulu demeurer dans vne chambre de l'hostelerie pendant que son compagnon iroit à l'Eglise la propre nuit de Noël, il se tüa luy-mesme, & fut trouué mort de deux

Eccles. 7. 8.

coups qu'il s'estoit donné dans le corps; que toute la ville fut tesmoin de ce malheur si tragique; que la Iustice qui leua le corps en fit des informations qui furent enuoyées à Monsieur le Procureur General; que le scandale s'en respandit dans Paris & dans Orleans d'où il estoit party, & où les Iesuites allegueręt en pleine chaire que plusieurs grands hommes s'estoient autrefois tüez eux-mesmes: les disciples de saint Augustin prirent-ils aduantage de cette histoire si vraye, si publique, & si peu honorable à leurs aduersaires? Representerent-ils par vn escrit aux Iesuites, qu'au lieu de leur fausse accusation touchant la mort de cet Ecclesiastique auec lequel ils n'auoient jamais eu aucune habitude, Dieu leur donnoit moyen de leur faire vn reproche tres-veritable touchant vne mort toute pareille d'vn de leurs confreres? Tirerent-ils vn escrit auec ce tiltre semblable à celuy de leur libelle: *Le grand chemin du Iesuitisme & du Molinisme à l'abysme de l'enfer?* Leur reprocherent-ils seulement que ce parricide qui auoit tüé l'ame de ce Iesuite auec son corps faisoit voir la fausseté de cette vaine & friuolle reuelation, qu'ils publient comme vraye auec tant de faste dans l'image de leur premier siecle: *Que les freres de leur Societé qui mourront estant dans l'Ordre, sont asseurez d'estre tous sauuez jusques à la fin du monde sans excepter vn seul?* Ils ne leur ont pas fait Monsieur le moindre reproche. Ils sont demeurez dans le silence. Ils ont plaint la perte de ce mal-heureux Iesuite, comme celle d'vn de leurs freres, puis qu'il estoit enfant de l'Eglise. Ils ont leué les yeux au ciel pour adorer les terribles jugemens de Dieu sur les hommes, ayant leu dans l'Escriture, qu'il s'est troué vn réprouué dans la famille du juste Noé, vn incestueux & vn homicide dans celle de Dauid: vn Iudas traistre & parricide de son maistre & de soymesme en celle de IESVS-CHRIST; & ayant appris du sçauant Euesque de Chatres Iean de Salisbery qui viuoit au douziesme siecle: *Qu'il se trouue dans toutes les Religions de l'Eglise des fidelles & des reprouuez, & que pour ces*

Quicumque in eo Ordine decedit vita fruitur sempiterna, ET OMNES OMNINO AC SINGVLI, ad mortem vsque si in Societate constiterint, SERVABVNTVR. *Imago primi sæculi Societ. Iesu lib. 5. c. 8.*

Ioan. Salisber. de nug. curial. lib. 7.

accidens & ces mal-heurs la verité de la Religion & de la profession n'est pas détruitte ny des-honnorée. Mais les paroles de ce grand Prelat qui estoit le directeur de saint Thomas Archeuesque de Cantorbie sont trop belles pour n'estre pas rapportées en sa langue originalle. *In his omnibus fideles inueniuntur & reprobi : nec ob id Religionis aut professionis veritas deformatur. Quæ enim professio est, aut quæ legitur vnquam fuisse societas, in quam macula non irrepserit? Angelum apostatum legimus : in primis fratribus fratricidium : prophetam reprobum : apostolum proditorem : discipulos Christi perfidos : nec tamen corrumpitur puritas persistentium Angelorum : aut minus sancta est societas inuicem diligentium fratrum : aut prophetiæ gratia est in electis culpabilis : aut apostolatus in fidelibus contemptibilis : aut disciplina Christi per varios errores aberrantium est infamis.*

X. Que l'apostasie d'vn Religieux peut-estre auec plus de couleur reprochée à ceux de son Ordre, que celle d'vn seculier à ses amys.

QVE SI MONSIEVR, dans ces rencontres funestes, & dont tous les Catholiques doiuent gemir, & non pas insulter à leurs freres, il n'y a point de personnes si peu équitables aux Religieux, qui vueillent charger tout vn Ordre ou toute vne maison du crime d'vn particulier, & accuser ceux mesmes qui auroient eu plus de liaison & d'amitié auec celuy qui se seroit desesperé ou qui auroit quitté l'Eglise, *d'estre prests de se perdre de la mesme sorte ou d'estre Caluinistes dans l'ame, & de n'attendre qu'vne occasion fauorable pour suiure l'exemple de leur amy :* Qui ne voit que l'injustice est sans comparaison plus grande lors qu'il s'agit de personnes, qui n'ont point à beaucoup prez d'vnion si estroite que doiuent auoir entre eux des Religieux d'vn mesme Ordre & d'vn mesme Monastere ; & qu'il faut estre Iesuite, c'est à dire injuste & passionné au dernier point, pour vouloir que des personnes qui n'ont ny pouuoir ny autorité sur vn autre, qui n'ont point la charge de sa conduite, qui n'ont point d'obligation de veiller sur ses actions, qui en sont mesme separez de plus de 150. lieuës, soient criminels par la seule contagion de son crime, & cessent d'estre catholiques parce que cet autre s'est fait huguenot.

Quoy, Monsieur, je ne suis plus ce que j'estois par la misericorde de Dieu, c'est à dire humble enfant de l'Eglise catholique, & prest de répandre mon sang pour elle & pour la moindre de ses veritez, à cause qu'vne personne que j'ay autrefois connuë pour l'auoir veuë au plus cinq ou six fois, & auec qui depuis cinq ans j'ay eu aussi peu d'habitude qu'auec le plus éloigné des Indiens, s'est reuolté contre l'Eglise, & a fait profession du Caluinisme dans Montauban ? Est-ce que les Iesuites nous veulent renouueller aujourd'huy l'heresie des Donatistes, qui croyoient que nostre innocence dépendoit de celle des autres, & que la contagion de leurs pechez nous pouuoit rendre coupables ? Mais encore ces heretiques n'estendoient cette maxime erronée qu'à ceux qui estoient de mesme communion. Et maintenant on voudroit, que l'Apostasie mesme, qui a fait changer de communion à vn homme, fust vne peste qui infectast tous ceux qui l'ont connu auant ce changement criminel, & qui respandant son venin par toutes les Prouinces de France où il a demeuré autrefois, transformast tous ceux qu'il auroit hantez en des hypocrites & des huguenots ?

X I. Auec combien de malice, les Iesuites ont supprimé le veritable sujet de l'apostasie de Labadie.

Mais, M[r] si cette pretētion ne peut estre en soy que tout à fait extrauagante, elle l'est encore dauantage à la considerer en particulier. Car il paroist par ce libelle mesme des Iesuites, que le sieur de Labadie ne s'est jetté dans le precipice de l'heresie, *qu'apres que Monseigneur l'Euesque de Bazas a rendu vne sentence contre luy, qu'apres s'estre refugié chez vn seigneur huguenot, où ayant esté découuert & craignant d'estre pris, il s'estoit retiré à Montauban où il a fait profession de la Religion pretenduë reformée*, esperant arrester par là toutes les poursuites que l'on faisoit contre luy. C'est ce que les Iesuites n'ont pas peu desauoüer ; mais par vn artifice malitieux ils ont supprimé le sujet de son procez & de sa condamnation, ayant retranché à ce dessein vne partie de la lettre qu'ils rapportent comme escrite de Bazas, qui en pouuoit apprendre quelque chose au

Monsieur le Mareschal de la Force.

Le grand chemin, &c. p. 16.

moins en general, afin de faire croire que Monseigneur l'Euesque de Bazas ne l'a condamné que par les mesmes sentimens de la grace, pour lesquels les Iesuites l'ont autrefois persecuté en Picardie; & qu'ainsi son apostasie est vne suite de ces sentimens. Tout homme qui ne sçaura point ce qui s'est passé dans cette affaire, ne sçauroit conceuoir autre chose de la lecture de leur libelle. Et cependant c'est la plus estrange de toutes les faussetez, n'y ayant rien de plus esloigné de ce qui l'a fait condamner, & l'a obligé en suite à se faire huguenot pour éuiter qu'on ne le punist, que la doctrine de la grace.

XIII. Que les fausses visions dont Labadie s'estoit rēply l'esprit estant encore Jesuite, ont esté la premiere origine de sa perte.

CAR LES Iesuites ne peuuent pas nier, que Labadie ne soit sorty de leur compagnie au commencement de l'année 1639. (sçauoir le 17. d'Avril comme l'acte de son congé signé du P. Iacquinot Prouincial de Guyenne le justifie) lors qu'on ne parloit point encore en France des disputes de la grace ny du liure de Monsieur d'Ipre, qui n'y a esté publié qu'en 1641. Et cependant ils ont sceu dés ce temps-là, ce que les disciples de saint Augustin n'ont appris que depuis fort peu de temps, que cet homme s'estoit remply l'esprit de visions & de reuelations phantastiques lors qu'il estoit dans leur compagnie, aimé & reueré des premiers d'entr'eux, jusques-là qu'vn de leur amis de Bordeaux dans vne relation de sa sortie de la societé, qui est toute à leur auantage, asseure auoir luy-mesme ouy dire à vn de leurs Peres, *des meilleurs professeurs en Theologie*, ce sont les propres mots de cette relation, *& des mieux versez en la theorie & pratique de la vie spirituelle, qui auoit eu de longue main communication de son interieur, & des choses extraordinaires qui luy arriuoient, qu'il ne faisoit point de difficulté de le comparer à sainte Catherine de Sienne.* Et cela se confirme, parce qu'il a dit plusieurs fois à ses disciples de la Grauille, qui est vn petit hermitage de Carmes de l'ancienne obseruance dans le Diocese de Basas où il s'estoit retiré, les merueilles que Dieu auoit operées en luy lors qu'il fut fait Prestre estant Iesuite: Car l'vn de ses entretiens les plus ordinaires

Relation touchant le P. Iean Labadie.

estoit

estoit de les asseurer : *qu'il estoit Prestre de la tres-sainte Trité, qu'il est asseuré de son sacerdoce, d'autant qu'au temps que l'Euesque l'ordonnoit, & faisoit les ceremonies exterieures pour sa consecration, il vit la tres-sainte Trinité, le Pere, le Fils, & le saint Esprit aussi clairement qu'il se voyoit luy-mesme, qui le consacroient & faisoient Prestre interieurement, & que toute la puissance Apostolique & pastorale luy fut donnée.* Et il a eu l'esprit si plein de cette folle pensée, qu'il ne s'est pû empécher d'escrire la mesme chose depuis son apostasie dans sa Declaration où il adjoute, *que lors qu'on l'ordonna, il sentit plus les mains de Iesus-Christ que celles de l'Euesque, & l'onction interieure, dont la tres-sainte Trinité oignit son cœur plus que l'huile exterieure auec lequel il oignit ses mains.* Paroles qui le condamnent, & qui font voir par son propre aueu, que l'Eglise qu'il a quittée est la veritable Eglise, puis qu'il n'y a que la vraye Eglise où Dieu oigne interieurement ses Prestres, & où il donne son saint Esprit : tout le reste, dit souuent saint Augustin, sacremens, doctrine, ministere pouuant estre hors de l'Eglise, mais l'Esprit de Dieu & la charité ne pouuant estre que dans l'Eglise. Ainsi vous voyez, Monsieur, que cette belle vision ou plustost ce songe agreable luy est arriué estant Iesuite.

Declar. impr. à Montauban. p. 84.

Mais ce qui est encore plus, c'est que cinq ou six mois auant qu'il fust sorty de cette Societé, l'Auteur de la Relation dont nous auons déja parlé, qui paroit tres-affectionné aux Iesuites tesmoigne que l'ayant enuoyé querir exprés, il luy auoit tenu ce discours : *Il y a long temps que Dieu a formé de grands desseins sur moy, dés ma plus tendre enfance jusqu'à present : j'ay receu des caresses, des faueurs & visites de Nostre-Dame fort frequentes, accompagnées de reuelations, qui m'ont asseuré que Dieu me reseruoit pour exploiter de grandes choses, sur tout quand j'aurois accomply* * *l'aage de 30. ans, où je suis maintenant arriué. Ces merueilles m'ont esté expliquées & detaillées depuis peu, & pour ce que je juge que vous y deuez prendre part, je vous les vay deduire. Le desordre qu'on voit dans les mœurs du Clergé & de la plus-part des Religieux a besoin de reforme, & Dieu m'a choisi pour les restablir, & à cet effet*

* La verité de cette relation est cõfirmée par vn Cantique inseré dãs son Iournal escrit de sa main, où il parle ainsi. *Dieu me representa les coups de l'an 40.*

m'a donné l'esprit de Iesus-Christ, & me destine à mesmes auantures, à mesme vie, & à mesmes miracles. Ie dois estre accompagné de douze personnes, à qui je departiray l'esprit des 12. Apostres, & aller auec eux parmy le monde, sine pera & baculo, *dans vne absoluë nudité, pauureté, & souffrance, prescher auec eux, attaquer les esprits & docteurs pharisaïques, qui infectent de leur mauuaise doctrine le monde, & confondre & conuertir les ames, & les ramener à la vraye vie Euangelique; & pour cela moy & les miens deuons beaucoup endurer de martyres d'esprit & de corps : ce que pourtant je ne puis executer qu'apres estre sorty de la compagnie où je suis, laquelle l'esprit qui me conduit me presse à ces fins de quitter.* Et l'auteur de cette Relation adjouste ces mesmes mots : *Il est à remarquer qu'il me dit à moy, & à ses escolliers,* (à qui il auoit dit qu'ils auroient l'vn l'esprit de saint Thomas Apostre, l'autre celuy de saint Estienne,) QVE POVR LVY IL AVROIT L'ESPRIT DE IESVS-CHRIST, CELVY DE SAINT IEAN BAPTISTE, ET CELVY DE SAINT FRANÇOIS XAVIER.

Et ceux qu'il fit l'année auparauant.
Quand justement de mon âge le trente,
Où enuiron il m'alla enleuant,
Pour commencer dans son regne de Grace,
A l'annoncer marchāt deuant sa face.

Ayant donc conceu tous ces desseins chimeriques estant encore Iesuite, & depuis les ayant ou cachez ou tout à fait intermis, parce que quelque illusion luy faisoit croire qu'il ne les deuoit esclorre qu'é l'année 1650. en laquelle il s'imaginoit que deuoit commencer le regne du saint Esprit, comme il le tesmoignoit obscurement en 1645. disant souuent, que dans cinq ans on verroit de grandes choses, & comme il le declara expressement dans le sermon secret qu'il fit au Monastere de la Grauille le premier jour de cette année 1650. où il parla en ces termes à ses disciples, selon qu'il rapporte luy-mesme dans son journal. *Enfin nous sommes au temps du S. Esprit & de son regne. Ie vous ay dit, mes enfans, que l'an 50. luy alloit donner grand progrez, estant l'an de ses plus grands coups. Que pour cela il estoit an de Iubilé. Ce qui estoit vne figure admirable que le monde ne connoist pas, que le S. Esprit vient cet an restablir son Iubilé aussi, son Iubilé de paix & de grace, son regne d'innocēce & de charité*; Il est arriué que cette année appro-

Il dit la mesme chose dans vn Cantique qui est à l'entrée de son journal escrit de sa main, où il fait parler Dieu en ces termes.

Ie veux donc commencer en cet an mon royaume,
En assemblant mes esleus au desert
Où je leur vay faire couler mon baume,
Et leur montrer mon paradis ouuert.
Ie vay cet an de mon regne de grace
Montrer par toy à mes amis ma face.

chant, ayant esté obligé de s'enfuir du Languedoc, où Monseigneur l'Archeuesque de Toulouse auoit rendu sentence contre luy pour quelques excez qu'il y auoit commis, & s'estant retiré dans ce petit hermitage de Bazas nommé la Grauille, * il a renouuellé d'vne maniere tout à fait extrauagante ses anciennes pensées de Iesuite; il a repris toutes ses vieilles idées de *l'esprit de Iesus-Christ dont il deuoit estre reuestu*, & du nom mesme qu'il en deuoit porter, selon vn Cantique qu'il en auoit fait dés l'année 1639. qui est la mesme année de sa sortie des Iesuites, & qu'il leut en vn sermon sur la fin de Decembre 1649. pour confirmer que dés ce temps-là IESVS-CHRIST luy apparoissant, luy auoit reuelé ce qui luy deuoit arriuer dix ans apres, sçauoir en 1650. le faisant parler en ces termes dans cette Ode.

IEAN mon fils mon Nonce fidelle,
Enfin moy-mesme te reuele
Les grands desseins que j'ay sur toy.
Escoute les mots de ma bouche,
Et pour sçauoir ce qui te touche,
N'aye plus d'oracle que moy.

Et sur la fin de ce mesme Cantique de l'an 1639.

Va donc sur la terre & sur l'onde
Me representer dans le monde
Par la ressemblance d'esprit,
Pour cet effet parmy mes hommes,
Ie desire que tu te nommes
Desormais Iean de Iesus-Christ.

Qui est le nom qu'il a pris à la Grauille. Il a aussi fait esperer à ses nouueaux disciples, comme il faisoit à ses anciens estant encore Iesuite, *que pour le gouuernement des Eglises qu'il auoit fondées, & de celles qu'il fonderoit à l'auenir, il auroit 12. Apostres comme Iesus-Christ*. Et enfin il a tasché d'executer sous l'habit de Carme, qu'il prit luy-mesme le premier jour de l'année 1650. comme * estant l'habit d'Elie sous lequel Dieu vouloit qu'il restablist dans l'Eglise le regne de la Grace auant la fin du monde, qui doit

* On reserue à vn autre liure à rapporter en particulier ses plus insignes extrauagãces, qui feront voir quelle malice c'est que d'attribuer sa cheute à d'autres qu'à luy mesme, n'y ayant rien de si personne que la folie, & les songes que l'on qualifie de reuelations particulieres. On peut voir cependãt la lettre imprimée du P. Antoine Sabré l'vn de ses Disciples, & desabusé de son erreur.

C'est vn des articles de l'Information faite contre luy par Monsieur de Bazas.

* C'est vne de ses Propheties qu'il a luy-méme renduë fausse, en quitant cet habit, &

se faisant huguenot, quoy qu'il l'eust exprimée en ces termes dans vn Cantique qui est escrit de sa propre main.

arriuer, selon ce faux Prophete, dans quinze ans en 1666. tout ce qu'estant encore couuert d'vn habit de Iesuite il asseuroit deuoir faire vn jour, comme vn Prophete extraordinairement enuoyé de Dieu pour restablir toutes choses dans son Eglise.

Ie vis que ton dessein estoit que sous autre arme
Sous autre habit que n'estoit pas le mien,
Mais sous celuy d'vn solitaire Carme,
Ton œuure m'eust pour asseuré soustien;
Et que portant l'image de ta face,
Sous luy reuint le regne de ta grace.

XIII. Que le vray sujet de l'apostasie de cet homme, qui a esté si long-temps Jesuite, touche plus les Iesuites que les disciples de S. Augustin.

Cette lettre a esté imprimée & publiée à Bazas par l'ordre de Monseigneur de Bazas: & depuis r'imprimée à Paris.

VOILA en general le sujet du procez que luy a fait Monseigneur l'Euesque de Bazas, & en suite duquel *il s'est jetté entre les bras des ennemis de l'Eglise, pour decliner son tribunal & sa justice, lors qu'elle luy demandoit raison de ses actions & de sa conduite, plustost que de sa doctrine*, selon les propres termes de la lettre du P. Antoine Sabré, l'vn de ces Religieux solitaires qu'il auoit seduits, & que Monseigneur l'Euesque de Bazas a fait reuenir de l'égaremẽt où ce faux Prophete les auoit jettez. Mais c'est ce que les Iesuites se sont bien gardez de dire, parce qu'ils ne sont pas si aueugles, qu'ils n'ayent bien veu que la seule exposition de ce fait ruineroit tout le fondement de leurs calomnies, & qu'ils se rendroient ridicules à tout le monde, s'il paroissoit qu'au mesme temps qu'on renuerse leurs erreurs par des liures qui sont dans l'estime & dans l'approbation de toutes les personnes intelligentes, & où l'on justifie par vne infinité de preuues claires & manifestes, & par la Tradition de douze siecles que la doctrine qu'ils ont la hardiesse de vouloir faire passer parmy les ignorans & les simples pour la doctrine de Caluin, est la veritable doctrine de tous les saints Peres qui ont soustenu dans tous les temps la creance de l'Eglise contre les aduersaires de la grace, ils sont reduits à reprocher à ceux qu'ils appellent *Iansenistes*, l'exemple d'vn homme qui s'est perdu, non pour estre *Iansenište*, mais pour auoir appris chez eux-mesmes à estre *visionnaire*: non pour auoir presché ou composé quelque liure pour la doctrine de saint Augustin, mais pour auoir voulu executer estant caché dans vn Monastere, & ayant aussi peu de commerce auec les disciples de saint Augustin qu'auec les Iesuites, tous les desseins ridicules & extrauagans, qu'il auoit conceus & projettez estant encore *Iesuite* : non pour s'estre trop attaché aux sentimens des anciens Peres, & à la Tradition perpetuelle de l'Eglise, (ce qui ayant toujours esté la marque des vrais catholiques, est aujourd'huy le plus grand crime que les Molinistes nous reprochent, nous appellant dans leurs libelles, *Traditionnaires*, & *enfans de la Tradition*) mais pour auoir au contraire, selon son premier & ancien esprit de Iesuite, mesprisé ces diuines sources de la vraye science, & ces fidelles interpretes de l'Escriture, n'auoir point voulu rechercher le vray sens des paroles du saint Esprit que dans ses propres fantaisies, & auoir donné lieu aux illusions du demon, en se repaissant de meditations creuses, & s'estant accoustumé durant le temps qu'il a esté Iesuite à prendre les resueries d'vne imagination blessée pour des reuelations diuines. Or je ne vous dis point, Monsieur, ce que tout le monde ne sçait que trop, qu'il n'y a rien de plus esloigné de l'esprit de ceux que ces bons Peres dechirent par ce libelle, que de se nourrir de ces visions & de ces reuelations particulieres, n'y ayant personne à qui toutes ces pretenduës voyes extraordinaires soient plus suspectes, & qui ayent plus de soin de conduire les ames que Dieu leur addresse par la voye royale & cõmune de la penitence, de la charité, & des bonnes œuures, sans s'arrester à toutes ces routes singulieres de spiritualitez sureminentes, qui ne conduisent le plus souuent qu'à l'erreur ou à la folie, ceux qui les recherchent par vne dangereuse imitation de la conduite extraordinaire que Dieu a tenuë enuers quelques ames saintes, qu'il conduisoit visiblement par luy-mesme, & que neantmoins il ne laissoit pas en mesme temps de soumettre aux aduis de leurs Directeurs, & aux ordres de son Eglise.

XIV. Defense de feu Monsieur de

Vous voyez donc, Monsieur, que les Iesuites n'ont pû supprimer comme ils font dans leurs libelles

Bazas & de Monsieur l'Archeuesque de Toulouse. Diuerses faussetez en ce qu'ils disent de feu Monsieur de Bazas.

le veritable sujet de l'apostasie de cet homme, pour en faire croire vn faux, & qui en pust faire retomber la honte sur vne infinité d'innocens, que par vn artifice tres-noir & tres-indigne de religieux & de prestres. Mais permettez-moy s'il vous plaist de vous faire remarquer deux autres omissions du mesme libelle qui ne sont pas moins malitieuses, & qui ont vn venin tout particulier en ce qu'elles tendent à vne diffamation scandaleuse de deux illustres Prelats de France, dont l'vn qui est feu Monsieur de Bazas, a laissé apres luy vne odeur de sainteté, qui accompagnera sa memoire dans tous les siecles de l'Eglise malgré toutes les calomnies des Iesuites; & l'autre qui est Monseigneur l'Archeuesque de Thoulouse a acquis vne reputation par sa suffisance & par sa sagesse au dela mesme du Royaume, & jusques dans Rome, que toutes les mesdisances des ennemis de la Hierarchie ne sçauroient ternir.

Ils alleguent dans ce libelle vne pretenduë lettre escrite de Bazas par vn Ecclesiastique à vn Prestre de saint Sulpice, & c'est dans cette lettre qu'ils vomissent leur fiel contre la memoire de feu Monsieur de Bazas en disant: *Qu'ayant pris en sa maison le sieur Labadie tant pour prescher le Caresme, que pour faire faire les exercices à ses Curez & Vicaires, qu'il appelloit pour cet effet chez luy; il n'y fut pas si-tost qu'il y debita sa marchandise. Ce qui donna suject au Presidial & Bourgeois de cette ville de Bazas de faire des informations qu'ils porterent au Parlement de Bordeaux, lequel donna Arrest contre luy auec vn Decret de prise de corps à la confusion de feu mondit Seigneur de Bazas, qui fut contraint par ce procedé de le chasser de nuit de sa maison.*

Ie ne m'arreste point à ce que dit cette lettre ou veritable ou supposée, que feu Mr de Bazas auoit pris chez luy le sieur Iean Labadie pour faire faire les exercices à ses Curez & Vicaires qu'il appelloit en sa maison; tout Bazas sçachant au contraire, que celuy qui auoit soin du Seminaire que ce pieux Prelat auoit estably auec vne charité & vne lumiere digne des plus grands Euesques de l'antiquité, & du grand ſaint Charles Archeueſque de Milan, n'eſtoit pas le ſieur Labadie, mais vn autre Eccleſiaſtique tres-habile & tres-vertueux, qui eſtant Chanoine de Beauuais, où il eſtoit vniuerſellement aymé & honnoré de tout le monde, auoit quitté ſon benefice pour ſuiure cet Eueſque ſi zelé pour le ſalut de ſon troupeau, & trauailler ſous luy à reſtablir la diſcipline du Clergé, qui eſt le premier des ſoins que doit auoir vn bon Eueſque. Et Monſeigneur l'Eueſque de Bazas aujourd'huy viuant a ſouuent rendu ce teſmoignage à la memoire de ſon predeceſſeur, que quelques Curez qui ont eſté inſtruits dans cette eſchole de pieté, ne ſont pas les moins bons, ny les moins exemplaires de ſon Dioceſe.

Ie ne m'arreſte point auſſi à vous demander, s'il ne faut pas que des Preſtres ayent renoncé à leur caractere, pour teſmoigner vn ſi grand meſpris de la puiſſance diuine que IESVS-CHRIST a donnée aux Prelats de ſon Egliſe, & autoriſer d'vne maniere ſi inſolente la plus injurieuſe vſurpation que l'on puiſſe faire de cette puiſſance, en voulant que des Magiſtrats ſeculiers, ayent eſté de bons juges de la doctrine d'vn Predicateur, & qu'vne affaire ſe ſoit paſſée à la *confuſion* d'vn Eueſque, lors qu'il a ſouſtenu auec vne vigueur Apoſtolique l'honneur de ſa dignité & les droits ſacrez de ſa charge contre vne entrepriſe ſi illegitime.

Ie ne dis rien auſſi de tout ce qui ſe paſſa publiquement à Bazas en ce temps-là, & de quelle ſorte ce pieux & ſage Prelat confondit les calomnies des partiſans des Ieſuites, en iuſtifiant par les teſmoignages publics des plus conſiderables de tous les Ordres de cette ville, Eccleſiaſtiques, Religieux, & Seculiers, que toutes les erreurs que l'on vouloit faire croire auoir eſté preſchées dans ſon Egliſe n'eſtoient que des impoſtures manifeſtes. Ie vous en enuoyeray les actes quand il vous plaira.

MAIS CE qui touche plus particulierement l'affaire preſente, eſt que les Ieſuites, qui teſmoignent eſtre in-

XV. Que feu M. de Bazas ayant di-

couuert quelque chose de dangereux dans la conduite de Labadie, il ne l'auoit plus voulu souffrir.

formez de Bazas mesme de ce qui regarde Labadie, ne peuuent ignorer, ny dissimuler sans malice le sçachant, que si feu Monsieur Bazas a fait paroistre vne fermeté & vne constance episcopale, lors que les ennemis des veritez de la Grace se sont efforcez de les rendre suspectes & odieuses par les mesdisances qu'ils auoient semées cõtre son Predicateur; il n'a pas fait paroistre moins de zele contre Labadie mesme, lors qu'il a eu seulement le moindre soupçon qu'il vouloit insinuer en des conferences particulieres quelques maximes dangereuses, & qui sous pretexte d'vne fausse spiritualité pouuoient porter les ames à la negligence de leurs veritables deuoirs. Car il ne se peut pas faire que les Iesuites qui ont de si bonnes correspondances à Bazas, ne sçachent que dans le procez mesme dont ils parlent dans leur libelle, que Monseigneur l'Euesque de Bazas qui est aujourd'huy a fait à Labadie, ce poinct important est iustifié par les informations, dont voicy, Monsieur, vn extrait fidelle que Dieu a permis qui nous fust enuoyé, afin d'auoir de quoy fermer la bouche à la calomnie par les pieces mesmes qu'elle prend pour fondement de ses injurieuses diffamations.

Extrait de l'information faite par Monseigneur l'Euesque de Bazas contre Labadie en 1650.

Que ledit Labadie preschant à Bazas dans l'Eglise Cathedrale l'Aduent de l'année 1644. il alloit souuent aux Religieuses Vrselines faire des exhortations & conferences, entre lesquelles il leur auroit presché, qu'il ne falloit point aller à la Communion ny aux offices & autres obligations de la regle, si elles ne s'y sentoient appellées par vn appel & vocation interieure & sensible du saint Esprit. Ce qui ayant fait impression sur l'esprit de quelques-vnes, elles le vouloient mettre en pratique, en telle sorte qu'elles ne se presentoient pas à la sainte Table aux jours de la regle, mais aux autres jours, quand il leur venoit en fantaisie, ce qui causoit du scandale aux autres, & beaucoup de desordre dans la Communauté, chacune de celles-là ne faisant les choses que par

par caprice ; Ce qui estant venu à la connoissance de feu Monseigneur de Bazas, il auroit fait appeller ledit Labadie au parloir desdites Religieuses, & luy auroit tesmoigné auec beaucoup de ressentiment, le desplaisir qu'il auoit, de ce qu'il auoit presché des choses qui tendoient à donner trop de liberté aux esprits. Sur quoy ledit Seigneur auroit fait vne exhortation à la grille pour desabuser celles qui auroient quelque impression de cette dangereuse maxime, leur disant, qu'il n'y auoit point d'autre appel ny vocation pour elles que leurs constitutions & leurs regles qu'elles auoient voüées, de l'obseruance desquelles elles ne se pouuoient dispenser sans peché, si elles n'auoient point d'autre cause legitime. Que cet appel & vocation sensible estoit plustost vne illusion qu'vne legitime excuse, & que si cela auoit lieu, elles se pourroient aussi bien dispenser de l'obseruation des Commandemens de Dieu, mesme de ceux qui obligent en tout temps & en tous lieux.

Si ces faiseurs de libelles auoient vn peu de pudeur deuroient-ils paroistre apres vne conuiction si authentique de leur mesdisance, & qui montre clairement qu'il n'y eut jamais d'injustice pareille à celle qu'ils commettent en cette rencontre, en voulant que la honte de l'apostasie d'vn visionaire & d'vn vray illuminé, retombe sur ceux qui se sont les premiers opposez auec tant de zele aux moindres apparẽces de ce dogme pernitieux, & qui ont veillé auec tant de soin pour l'estoufer dans sa source, & empescher que les ames n'en prissent la moindre teinture.

Mais il est encore porté dans la mesme information; *Que ledit feu Seigneur Euesque se fust dechargé plustost qu'il ne fit du sieur Labadie sans la consideration de ce que ledit Labadie ayant fait quelque Sermon à Bourg dans le Diocese de Bordeaux, dont il est natif* (Ce qu'il fit contre l'ordre expres de feu Monsieur de Bazas,) *il auroit auancé certaines propositions, dont plusieurs personnes furent scandalisées, ce qui donna sujet au Parlement de Bordeaux d'en informer, & decreter contre luy adjournement personnel, à cause dequoy ledit Seigneur Euesque ne le voulut pas congedier si-tost, pour ne donner cet aduantage au Tribunal Laique par dessus l'Ecclesiastique, qui est seul Iuge des matieres de Foy*, *mais il obligea ledit Labadie de retracter lesdites propositions en pleine chaire.* Où il faut remarquer qu'il n'est rien dit de semblable de ce que le sieur Labadie auoit presché à Bazas, parce qu'encore qu'on en eust fait du bruit, & qu'on luy eust imposé beaucoup de choses, neantmoins Monsieur de Bazas qui auoit assisté aux Sermons qu'il auoit faits dans sa Cathedrale, sçauoit par luy-mesme qu'il n'y auoit rien presché que de Catholique, au lieu que ne sçachant pas de mesme ce qu'il auoit peu dire à Bourg qui n'est pas de son Diocese, tout ce qu'il auoit peu faire selon la prudence d'vn sage Prelat, pour remedier au scandale que cette predication auoit causé, & arrester l'entreprise illegitime des magistrats seculiers, estoit de luy faire desauoüer publiquement les erreurs dont on l'accusoit, soit qu'il en eust dit quelque chose, soit qu'on les luy eut imposées faussement, comme on auoit fait à Bazas.

XVI. Que Labadie desapprouuoit la conduite de feu M. de Bazas pour estre trop penitente & trop opposée a ses fausses spiritualitez.

ENFIN, MONSIEVR, si vous desirez sçauoir plus particulierement, l'vnion estroite que les Iesuites veulent faire croire auoir esté entre le sieur Labadie & quelques-vns des plus pieux & plus illustres disciples de saint Augustin, vous le pourrez apprendre par la suite de cette information qui est telle. *Que ledit feu Seigneur Euesque ayant connu l'esprit dudit Labadie n'en faisoit plus d'estat, estimoit sa conduite tres-dangereuse, disant qu'il luy gastoit tout, & qu'il estoit vn fripon, & qu'il ne vouloit point que ses Prestres prissent aucune instruction de luy, mais qu'ils la prissent du sieur Manguelen qu'il auoit emmené exprez de Paris.* (Et c'est ce qui fait voir contre la fausseté du libelle des Iesuites que nous auons déja remarquée, que ce n'estoit point le sieur Labadie, mais cet autre Ecclesiastique tres-pieux & tres-habile, à qui Monsieur de Bazas auoit commis l'instruction de ses Curez & Vicaires.)

Et apres qu'il eut congedié ledit Labadie, il ne le voulut jamais voir. Et lors qu'il estoit malade à Thoulouse de la mala-

die dont il mourut, ledit Labadie estant en ladite ville l'auroit fait prier par plusieurs fois par vn Prestre son domestique, d'agreer qu'il eust l'honneur de le voir en sa maladie, il ne le voulut jamais permettre quelque instance qu'il en fist.

Que si ledit feu Seigneur n'approuuoit pas la conduitte dudit Labadie, ledit Labadie n'approuuoit pas aussi celle dudit feu Seigneur, ny celle dudit feu sieur Manguelen, disant, QVE TOVT CE QVI SE FAISOIT A GANS N'ESTOIT QVE IVDAISME ET PHARISAISME; *que leur conduite tenoit trop à la lettre; qu'il y auoit trop de gesne & de contrainte, reprochant à vn de ceux qui auoit esté sous cette conduite, qu'il auoit receu de trop rudes arrousements, que son Directeur tenoit beaucoup de l'esprit de Iean Baptiste, qu'il sembloit fils de la seruante, non de la libre, parlant de feu Monsieur Manguelen.*

Voila vne belle preuue de la grande & mutuelle correspondance, entre le sieur Labadie, & *Messieurs de Port Royal*, que les Iesuites dans leur libelle appellent *ses bons amis*. Personne n'ignore quelle a esté l'affection que cet Euesque si habile, si zelé, & si vertueux a tesmoignée jusques au dernier soupir de sa vie pour Monsieur Arnauld & pour ses amis, qui sont ces *Messieurs du Port Royal* qui causent tant de maux de teste à ces bons Peres. Et ce sage Ecclesiastique dont il est parlé dans cette information, à qui ce Prelat auoit donné la direction de son seminaire est venu finir saintement ses jours dans la solitude de Port Royal des champs, peu de temps apres la mort de celuy qui l'auoit fait sortir de sa retraite pour l'employer dans son Diocese. Vous pouuez donc juger par là, quelle vnion de conduite & de sentimens peuuent auoir eu ces Messieurs de Port Royal auec vn homme, dont la conduite auoit commencé de paroistre si suspecte, & si dangereuse à ceux que Dieu auoit le plus vny auec eux: & qui aussi de son costé ne pouuoit souffrir leur conduite comme estant trop serieuse, pour s'accommoder aux folies & aux extrauagances de son esprit; trop solide & trop attachée aux regles saintes de l'Eglise & des Peres, pour s'ajuster à ses spiritualitez chimeriques, qu'il s'imaginoit deuoir estre au dessus de toutes les regles; trop penitente pour estre approuuée d'vne personne qui ne portoit ceux qui s'addressoit à luy à aucune penitence, comme on a depuis découuert plus clairement par l'information qu'on a faite contre luy dans le Languedoc: Et enfin trop pure & trop ennemie de toute licence, pour auoir quelque rapport auec celle d'vn homme, qui reprennant ces anciennes illusions du temps qu'il estoit Iesuite, commençoit à former l'idée d'vn pretendu restablissement du regne du saint Esprit, qui sous le voile de la liberté de l'Esprit de Dieu, ne conduit les ames qu'à vn honteux & infame libertinage. Qui pourra donc s'empescher de s'écrier en cette rencontre apres le grand Apostre: *Quæ participatio iustitiæ cum iniquitate? Quæ societas luci ad tenebras? Quæ conuentio Christi ad Belial?*

Vn des articles de cette information est; Qu'il detachoit les personnes des choses exterieures, mais qu'auec cela il ne les portoit à aucune penitence.

XVII. Qu'il y a plus de 5. ans qu'on a detesté par auance les illusions abominables, qui ont paru depuis en Labadie.

QVE SI les Iesuites sont obligez de se rendre à ces veritez de fait establies par des actes si authentiques, en voicy, Monsieur, vne preuue encore plus conuainquante, plus publique, & plus solemnelle, qui justifiera qu'il y a plus de cinq ans que Monsieur Arnauld & ses amis ont condamné par auance les illusions diaboliques qu'on a reconnuës depuis en ce miserable; & qu'ils ont prononcé l'anatheme contre luy & contre quiconque renouuelleroit l'erreur de quelques heretiques abominables du XIII. siecle, à qui l'on a donné le nom d'Illuminez en Espagne, où le diable semble auoir conserué ou renouuellé il y a plus de cent ans quelque leuain de cette heresie. Vous verrez Monsieur, que Labadie auroit eû deslors pour ennemis declarez, *ces Messieurs de Port Royal*, que les Iesuites appellent *ses bons amis*, si la corruption de son esprit qui n'a esté découuerte que depuis à Toulouse & à Bazas eust paru deslors à la face de l'Eglise. Car feu Monsieur de la Vaur, qui combattoit auec vn courage plus martial que Theologique pour les Iesuites, ayant feint vne fausse & imaginaire secte d'illuminez, composée de saints & d'hommes pieux qu'il pretendoit suiure les lumieres particulieres de leur esprit, des visions & des reuelations, & non de vrayes lumieres de l'esprit de Dieu, & dans laquelle il faisoit entrer contre le propre texte des Escritures sacrées le grand; & diuin Moyse, & contre la verité de l'histoire Ecclesiastique le tres-apostolique & tres-solide Pere S. Bernard; & ensuite feu Monsieur l'Abbé de saint Cyran, & Monsieur Arnauld, sur le sujet de son liure, *De la frequente Communion*, comme auant Monsieur de la Vaur il y a desia plus de cent ans, que des Religieux en Espagne y auoient fait entrer saint Ignace fondateur des Iesuites, & que d'autres il y en a enuiron trente, y ont fait entrer aussi feu Monsieur le Cardinal de Berulle qui a esté traité de visionnaire, de schismatique, & d'heretique par plusieurs libelles durant dix années; voicy ce qu'vn des amys de ce Docteur de Sorbonne, a escrit en 1645. dans vne celebre deffense de Messeigneurs les Prelats approbateurs de son liure, contre deux libelles tres-injurieux, publiés au commencement de l'année 1646. sçauoir le 15. Feurier, à laquelle les Iesuites se voyant confondus n'ont osé respondre; & où vous verrez, Monsieur, comme Dieu conduit par sa Prouidence la plume de ses seruiteurs pour les justifier par leurs escrits, non seulement des calomnies presentes, mais des futures, qui sont inconnuës à leur esprit, mais qui sont visibles au sien qui voit toutes choses.

Ne suis-je point dans l'Eglise, seroit-il bien possible que ce qu'on a dit de moy pendant les persecutiōs passées fust veritable? seroit-il possible que je fusse en effet vn heretique & vn schismatique? *Vie de M. le Cardinal de Berulle p. 490. 491. & p. 749.*

« SI MONSIEVR de la Vaur auoit pris la peine de s'informer des heresies dans les anciennes histoires, il auroit trouué, que s'il y a eu des heretiques qui ayent merité le nom particulier *d'illuminez*, ç'ont esté ceux qui s'esleuerent à Paris en 1210. sous le regne de Philippe Auguste au rapport de Nicolle Gille historien de France, & qui voulant esteindre en eux-mesmes la lumiere veritable & celeste de l'Euangile, par vne fausse & tenebreuse lumiere d'illusion & d'erreur diabolique, pour se plonger auec vne liberté toute

Deffense de Messeigneurs les Euesques, &c. 1. par. ch. 9.

Voyez cet auteur en la vie de Philippe Auguste.

entiere dans les voluptez les plus brutalles & les plus infames, soustenoient : *que la puissance de Dieu le Pere a duré tant que la loy de Moyse a esté en vigueur, & qu'à cause qu'il est escrit, que les choses vieilles sont abolies par la suruenuë des nouuelles* ; IESVS-CHRIST *estant venu le vieil Testament a pris fin, & la loy nouuelle de l'Euangile a eu force jusqu'au temps qu'eux preschoient ces choses : & ils disoient, qu'alors les Sacremens du nouueau Testament auoient pris fin, & que le temps du saint Esprit estoit arriué, & qu'à cause de cela le Baptesme, la Confession, l'Eucharistie, & les autres Sacremens, sans lesquels il n'y a point de salut, n'auoient plus de lieu, mais que chacun estoit purgé & sanctifié interieurement & sans aucun acte exterieur par la grace du saint Esprit, pouuant estre sauué par telle inspiration. Et ils releuoient si fort la vertu de charité qu'ils disoient, que ce qui autrement estoit peché ne l'estoit point s'il estoit fait en charité. Et ainsi ils commettoient toutes sortes de paillardises & d'adulteres sous le nom de la charité, promettant l'impunité de ces crimes aux femmes auec lesquelles ils pechoient, & aux simples qu'ils trompoient, & preschant que Dieu n'estoit que bon, & non juste:* l'Historien adjouste *que ces erreurs furent prouuées & auerées contre eux, & que leur procez leur fut fait par l'inquisition de la foy & autres grands Clercs de l'Vniuersité à ce commis ; & qu'apres cela ils furent liurez à la justice seculiere du Roy Philippe qui les fit tous brusler.*

Ces mesmes erreurs semblent auoir esté renouuellées par d'autres heretiques du siecle suiuant, appellez les Becuards, condamnez au Concile Oecumenique de Vienne, qui sous ombre d'vn degré imaginaire de perfection & d'impeccabilité, pretendoient que ceux qui estoient arriuez à ce point, n'estoient plus obligez ny de prier, ny de jeusner, ny d'obseruer aucun commandement de l'Eglise ; & s'estoient aussi laissé emporter par ce mesme esprit d'illusion à faire passer la fornication pour vne action innocente.

Tenu en 1311.

Historia Concilij Viennensis apud Bin. T. 3. Conc. p. 2.

Voila de veritables illuminez. Voila cette infame & execrable heresie, dont les Iesuites deuroient accuser de conuaincre leurs aduersaires.

Mais les Iesuites & Monsieur de la Vaur sont trop informez par la voix publique de tout Paris, où leurs aduersaires sont si connus de la pieté exemplaire de leur vie & de la seuerité toute chrestienne de leur Moralle, laquelle mesme ils leur reprochent, & qui n'est autre que celle de l'Euangile toute pure, & non alterée par les mauuaises gloses & les sens corrompus des Casuistes nouueaux, pour leur imputer des maximes impies qui establissent le regne du libertinage, du vice, & de l'atheïsme sur les ruines de la penitence & de l'Euangile, c'est à dire sur l'aneantissement du regne de IESVS-CHRIST, & de sa sainte grace dans les cœurs.

Nos austeres & sauuages directeurs. *Ens. à Polem.* 3. p. 145. Ie conclus contre nostre docteur rigoureux que la meilleure Theologie n'est pas si farouche & si austere que la sienne. p. 130.

C'est pourquoy lors qu'ils ont veu, qu'ils se rendroient odieux à tout le monde par vne si noire & si publique imposture, s'ils les accusoient de cette heresie veritable, à qui on peut auec justice donner le nom d'illuminez, ils ont feint sous ce mesme nom vne nouuelle espece d'heresie fantastique & chimerique, qu'ils ont eux-mesmes resvée, en accusant Monsieur Arnauld & ses amis de *visions & de resveries*.

Ils la font toute spirituelle, & pour en accuser auec quelque couleur des personnes si catholiques, & dont quelques-vns, comme feu Monsieur l'Abbé de saint Cyran ont vescu & sont morts en reputation de sainteté, ils en veulent mesme trouuer des traces dans de grands Saints, & rendre ou moins venerables, ou mesme suspectes de fausseté & d'illusion les lumieres diuines qu'ils ont receuës.

L'on monstre en suite que c'est l'injure insupportable que Monsieur l'Euesque de la Vaur auoit faite à Moyse & à saint Bernard. Et ainsi vous voyez, Monsieur, que les medisances des Iesuites enuers feu Monsieur l'Abbé de saint Cyran & Monsieur Arnauld, aussi bien que les illusions libertines & vitieuses qui ont paru depuis en Labadie, sont conuaincuës par vn tesmoignage si public & si fidelle, les vnes d'estre fausses,

& les autres d'estre *heretiques*, *infames*, *& execrables*, & que vous ne deuez pas vous estonner si aussi-tost qu'on a commencé à découurir des marques de cette illumination hypocrite & fantastique, il s'est fait vne diuision entre Port Royal & luy, comme entre la verité & l'erreur, entre la solidité de la conduite catholique des saints Peres, & la vanité des egaremens d'vn esprit humain & particulier.

XVIII. Autre preuue du peu de raison qu'ont les Iesuites, d'appeller Messieurs de P. R. les bons amis de Labadie.

MAIS PEUT-estre que ces Messieurs ayant eu si peu de liaison auec le sieur de Labadie en ce qui est des sentimens, ils n'ont pas laissé neantmoins d'auoir quelque commerce auec luy par vn reste d'amitié ciuile & humaine. Quant cela seroit, Monsieur, ce n'auroit pas esté vn crime, ses égaremens n'estant pas encore publics, & ce qui auoit paru de mal en luy estant suffisant pour s'en defier, & n'en auoir plus l'estime qu'on en auoit euë auāt que de l'auoir bien connu, & non pas pour en former vn jugement arresté, qu'il eut l'esprit aussi corrompu comme il a paru depuis. Saint Epiphane & saint Hierosme doutoient de la sincerité de la foy de Ruffin touchant les heresies d'Origene, & neantmoins ils ne laissent pas de communiquer auec luy, & de le traiter encore comme amy, lors qu'il partit pour aller à Rome. Et parce que depuis ayant publié à Rome les liures d'Origene *des principes*, qu'il auoit traduits, & où il auoit laissé beaucoup d'erreurs, apres auoir protesté qu'il les auoit toutes corrigées, saint Epiphane se declara contre luy par vne lettre qu'il escriuit à Iean Euesque de Ierusalem soupçonné de la mesme heresie, où il l'exhorte auec Ruffin de renoncer à Origene, & que saint Hierosme escriuit aussi contre luy pour s'exempter du soupçon d'estre Origeniste, Ruffin luy respond, *que saint Epiphane apres le baiser de paix & la priere qu'ils auoient faite ensemble n'auoit pû escrire contre luy ensuite*, saint Hierosme faite cette belle & memorable replique: *Lors que vous dites, qu'apres le baiser & la priere, il n'a pû escrire contre vous, c'est comme si vous pretendiez qu'vn homme n'a pû mourir, parce qu'il estoit viuant peu*

Hier. Apol. 3. in Ruffin.

de temps auant sa mort ; & comme s'il y auoit rien qui establist dauantage la verité & la justice de sa censure, que de ce qu'il ne veut plus auoir de communication auec vous apres en auoir eu auparauant. Ils sont sortis d'auec nous, dit saint Iean, mais ils n'estoient pas d'auec nous: Car s'ils eussent esté d'auec nous, ils fussent demeurez auec nous. L'Apostre ordonne de fuir vn heretique apres vne ou deux reprehensions. Il estoit donc vne portion du troupeau de l'Eglise auant qu'on le deust fuir & qu'il eust esté condamné. Epiphane durant ce temps n'a pas refusé le baiser à Iudas, pour voir si en l'aduertissant il pourroit le ramener dans le bon chemin, & vaincre le traistre par la patience. Mais depuis ayant reconnu que le leopard ne se défait pas de ses taches, ny l'Ethyopien de sa noirceur, il a tesmoigné par sa lettre ce qu'il auoit reserué dans son esprit. Et sur ce que Ruffin objectoit à S. Hierosme mesme, *qu'il estoit honteux qu'apres luy auoir donné le baiser, il lançast sur luy par derriere des dards empoisonnez,* ce Saint luy respond : *Nous auons donné le baiser de paix, mais non pas receu l'heresie. Nous vous auons embrassé & conduit ciuilement à vostre depart ; mais c'estoit dans la pensée que vous demeureriez catholique comme nous, & non pas que nous deuiendrions heretiques auec vous.*

Neantmoins, Monsieur, Dieu a voulu que les Iesuites fussent confondus mesme dans ce point : & que le procez de cet apostat, les conuainquist de mensonge en leur apprenant combien le P. R. estoit esloigné d'auoir aucun commerce auec Labadie. Car voicy ce que porte encore l'extrait de cette information.

Les PP. Blanchard & Syluestre interrogez moyennant serment en ladite information, par les charitez de qui, auant l'arriuée dudit Labadie à la Grauille, ils auroient subsisté audit lieu, n'ayant aucun reuenu. Ils ont respondu, qu'ils auoient subsisté par les charitez de quelques personnes de pieté qu'on leur enuoyoit de Port Royal de Paris, & de quelques-vns de Bazas, & par le petit trauail de leur mains.

Interrogez si depuis le temps que ledit Labadie estoit à la Grauille, les charitez qu'on leur enuoyoit de Port Royal de Paris ont continué, ont respondu que non, & qu'elles auoient cessé il y a deux

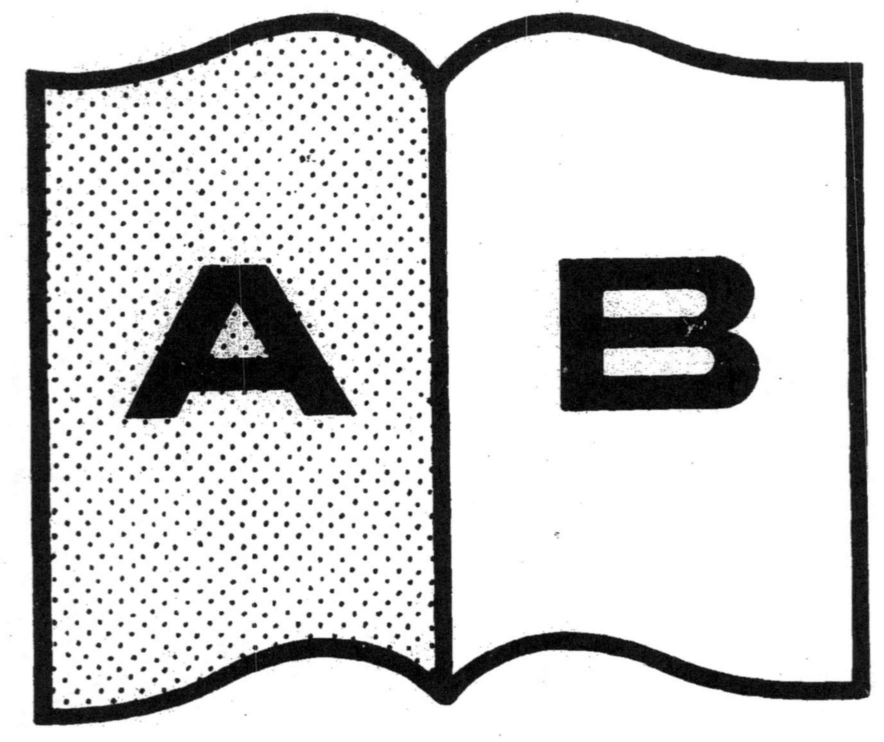

Contraste insuffisant

NF Z 43-120-14

ans à Pasques, mais que pendant le sejour que ledit Labadie auoit fait à la Grauille, ils auoient subsisté par celles que ledit Labadie leur procuroit, par le moyen des connoissances qu'il auoit vers Toulouse.

On peut voit par là jusques où s'estend la charité de *ces Messieurs de P.R.* & peut-estre que les Iesuites auroient de la peine à produire d'aussi bons tesmoignages de la leur. Mais on voit aussi que bien loin d'auoir eu quelque liaison particuliere auec le sieur de Labadie, ils n'en ont plus eu auec ces deux Religieux Carmes depuis qu'ils en ont eu auec Labadie : parce que ces bons solitaires n'ont plus osé s'addresser à vn pieux Ecclesiastique de Bazas, qui seruoit de lien à ce commerce de charité, sçachant assez que l'informant de leurs affaires, il ne leur eust jamais permis de donner entrée dans leur maison à vne personne dont il auoit plus de connoissance qu'eux, pour auoir tousiours exercé la charge de Vicaire general sous feu Monsieur de Bazas.

Quel est donc le front des Iesuites, d'auoir seulement osé nommer *feu Mr de Bazas & Mrs de P.R.* dans vne affaire, où tout ce qu'il y a de personnes equitables ne peuuent que loüer vne charité des-interessée, vn zele ardent pour la verité, & vn entier esloignement de toute conduite tant soit peu suspecte d'erreur & d'illusion?

XIX. Que Monsieur de Toulouse ne peut estre que loüé dans cette affaire, ayant si fortement agy contre Labadie : aussi-tost qu'il a cõnu sa mauuaise cõduite.

MAIS ILS ne traitent pas auec vne moindre injustice Monseigneur l'Archeuesque de Toulouse. Ils publient dans leur libelle : *Que ce Prelat donna de l'employ au sieur Labadie, & le defendit en l'Assemblée generale du Clergé. Mais que pendant qu'il luy rendoit ce bon office, il gastoit deux Conuents de Religieuses dans sa ville, & dogmatisoit par tout son Diocese où il a fait de tres-grands maux.* Si feu Monsieur de Bazas ne fut point mort à Toulouse, lors que Monsieur l'Archeuesque de Toulouse estoit à Paris pour l'Assemblée generale du Clergé, il ne faut point douter qu'ayant informé ce sage Archeuesque son amy intime, de ce qu'il auoit decouuert à Bazas qui donnoit vn juste sujet de ne se pas trop fier à la conduite de Labadie,

En l'an 1645.

quoy qu'on ne le deust pas abandonner aux persecutions injustes de ses anciens ennemis, qui n'attaquoient que la verité en sa personne, & ne l'attaquoient que par des mensonges & des impostures, ne luy reprochant point d'autres erreurs que les veritez de la grace & de saint Augustin qu'il preschoit souuent, les Iesuites n'auroient pas lieu de reprocher aujourd'huy si insolemmét à Monseigneur l'Archeuesque de Toulouse de luy auoir donné de l'employ dans son Diocese. Mais s'ils auoient vn peu de sincerité & de consciéce, deuoient-ils obmettre que ce mal-heureux hypocrite ayant commencé à respandre en secret sous le voile d'vne deuotion mystique des maximes de libertinage & d'illusion, dont ayant voulu jetter quelques semences dans Bazas, il en auoit esté empesché par le zele d'vn Pasteur qui veilloit sur son troupeau auec vn soin infatigable, il a trouué la mesme opposition dans la prudence Episcopale de Monseigneur l'Archeuesque de Toulouse, & encore mesme plus grande & plus declarée, parce que ses excez auoient esté plus grands & plus scandaleux. Desorte que ce Prelat si judicieux & si sage a esté le premier qui a fait informer contre sa conduite pernicieuse; qui l'en ayant conuaincu par les voyes legitimes & canoniques, l'a condamné & interdit des ministeres ecclesiastiques, & qui l'auroit fait encore punir plus seuerement, s'il ne s'estoit caché & en suite retiré de son Diocese.

Le soin que l'on doit auoir de la reputation de l'Eglise, qui ne peut qu'elle ne soit tousiours vn peu interessée dans la reuolte de ses enfans qui la quittent pour se ranger du costé de son ennemy, n'obligeoit-il pas les Iesuites d'exposer ce fait important, afin d'apprendre aux catholiques, ce qui leur est tousiours auantageux de sçauoir, que l'apostasie de ce miserable n'est point l'effet d'aucune persuasion qu'il ait euë que la religion huguenotte fust meilleure que la catholique, mais que ce n'a esté qu'vne suite de beaucoup de dereglemens, & la retraite forcée d'vn criminel qui fuit la presence de ses juges, & se jette parmy ceux qui luy peuuent seruir d'asile contre leur authorité. Mais s'il estoit de l'interest de l'Eglise d'informer le public de cette circonstance si remarquable, il estoit de l'interest des Iesuites de la supprimer, parce que tout le monde auroit veu par là, que les deffenseurs de la doctrine de saint Augustin ne sont attachez qu'à Dieu & à sa verité, & non aux personnes, & que s'ils ont soustenu ce predicateur auec vne generosité chrestienne & toute desinteressée, lors que les Iesuites ne persecutoient en luy, que ce qui n'estoit point à luy, mais à Dieu & à son Eglise, sçauoir la doctrine Euangelique & catholique de la grace, ils ont esté les premiers non seulement à l'abandonner, mais à le condamner & à le poursuiure, pour les erreurs & pour les crimes qui se sont trouués en luy, & dont il a esté legitimement conuaincu. Et c'est ce qui est encore arriué dans la derniere affaire de Bazas, Monseigneur l'Euesque de Bazas estant tesmoin, qu'vn des plus sages, des plus pieux, & des plus sçauants Ecclesiastiques de son Diocese, & qui a exercé tres-dignement la charge de Vicaire general sous deux ou trois Euesques de suite, a esté le plus animé contre les folies & les desordres de cet apostat, & a le plus trauaillé à les descouurir, quoy qu'il ne cede à personne en fermeté & en courage dans la deffense des sentimens du saint Docteur de la Grace.

XX. Que c'est trahir l'Eglise que d'alleguer pour la vraye cause de l'apostasie de cet homme, les mensonges euidens qu'il allegue pour la colorer.

AINSI, Monsieur, il n'y a personne qui ne voye clairement, que l'apostasie d'vn visionnaire qui a esté autrefois Iesuite, comme il a esté autrefois predicateur de la Grace, n'a rien de commun auec la fermeté inébranlable dans la Communion de l'Eglise des veritables deffenseurs de la Grace de IESVS-CHRIST : qu'on en peut aussi-tost faire rejallir la honte sur les Iesuites, que sur les disciples de saint Augustin, & qu'on ne peut faire ny l'vn ny l'autre que par la plus insupportable de toutes les calomnies. Mais ce qui doit estonner en cette rencontre toutes les personnes de jugement, est de voir que des Religieux & des Prestres ne craignent point d'opposer d'oppoſer à tant de preuues & de teſmoignages publics de la vraye cauſe de la reuolte de cet homme, les déguiſemens artificieux que luy-meſme apporte pour juſtifier ſon action, comme s'ils auoient entrepris de ſacrifier à leur vengeance l'honneur meſme de l'Egliſe, en autoriſant des menſonges qui ne peuuent eſtre bien receus que dans Geneve & dans Charenton, ny trouuer de creance que parmy ceux, qui ne ſe mettent pas en peine de la verité, pourueu qu'ils ayent dequoy contenter leur paſſion & leur aigreur.

Car qui eſt le huguenot qui ne ſoit rauy de joye de voir que les Ieſuites meſmes s'efforcent de leur faire croire, que tous les Ianſeniſtes, comme ils les appellent, c'eſt à dire tous ceux qui teſmoignent de l'affection & du reſpect pour la doctrine de ſaint Auguſtin, entre leſquels tout le monde ſçait qu'il y a de tres-ſçauans & de tres-vertueux Prelats, vn tres-grand nombre de Docteurs, d'Eccleſiaſtiques, de Religieux, & de toutes ſortes perſonnes, *cachent dans leur cœur les ſentimens de Caluin, & qu'ils n'attendent qu'vne occaſion fauorable pour ſe declarer huguenots a découuert & ſans feintiſe?* Et qui eſt au contraire le catholique qui ne ſoit émeu d'vne tres-juſte colere, d'ouyr publier vne accuſation ſi ſcandaleuſe au Clergé de France, à la Sorbonne, aux Ordres Religieux; ſi injurieuſe à l'Egliſe, & ſi auantageuſe à ſes ennemis: & de voir en meſme temps qu'on n'allegue autre choſe pour appuyer vne calomnie ſi noire, & qui merite vne punition exemplaire, (à moins que ceux qui l'ont auancée n'ayent dequoy la juſtifier) que les paroles d'vn apoſtat, qui entre mille menſonges dont il a taſché de couurir la honte & l'infamie de ſon crime, n'a pû oublier celuy qui eſt le plus naturel à tous ceux qui quittent l'Egliſe, qui eſt de publier qu'ils ne ſont pas ſeuls qui en ont reconnu les abus & les erreurs, & qu'il y en a vn grand nombre d'autres qui s'en retireroient comme ils ſont, eſtant perſuadez auſſi-bien qu'eux que toute ſa creance eſt corrompuë, ſi des conſiderations humaines ne les empeschoient de se declarer. Et parce qu'il sçauoit que les Iesuites veulent faire passer les sentimens de saint Augustin pour des heresies de Caluin, comme le P. Adam l'a assez declaré dans son liure, il a creu auec raison que cette fausseté luy estoit auantageuse, & qu'il ne pouuoit trouuer de pretexte plus plausible de s'estre fait huguenot, qu'en attribuant à l'Eglise Romaine, qu'il auoit entrepris de noircir, toutes les erreurs des Molinistes opposées à la doctrine de saint Augustin, comme si c'estoit autant de points de la creance de cette premiere Eglise, au lieu qu'elle a tousiours declaré qu'elle n'en a point d'autre, que celle de saint Augustin mesme touchant la grace; & en pretendant que c'estoit estre desia plus qu'à demy huguenot, que de ne pas *assujettir l'efficace de la volonté de Dieu à celle de l'homme, de ne pas faire dependre son élection gratuite du merite de nos œuures, & de ne pas soumettre la grace de Iesus à l'arbitre humain.*

Dans sa lettre pag. 19. où il parle ainsi. Examinez quelle des deux Religions est plus conforme á l'Euangile, ou la Romaine qui assujettit l'efficace de la volonté de Dieu à celle de l'homme, qui fait dépendre son élection gratuite du merite de nos œuures, qui soumet la grace de IESVS à l'arbitre humain, &c. *Et en la p. 157.* N'auez-vous pas peine de croire tant de nouueaux articles de foy, tels que sont. ... vn franc arbitre maistre de celuy de Dieu & de sa grace.

Il est certes bien aisé de trouuer des Caluinistes dans le sein de l'Eglise catholique, si c'est estre sectateur de cet infame heresiarque, que d'auoir de l'auersion pour ces erreurs, & de l'affection pour les veritez opposées. Mais si c'est vne insigne imposture contre l'Eglise catholique, comme les Ministres mesmes seront contrains de l'auoüer si on les en presse, que de faire des points particuliers de la creance huguenote, de ce qui a tousiours esté enseigné par les plus habiles Theologiens de l'Eglise, & si les Iesuites mesmes n'oseroient nier, que tout l'Ordre de saint Dominique n'ait soustenu publiquemẽt dans Rome, & auec l'approbation de deux Papes Clement VIII. & Paul V. contre les nouueautez de leur Molina, ce que cet imposteur represente comme des points capitaux de l'heresie de Caluin que l'Eglise Romaine condamne, auec quel front osent-ils debiter les paroles d'vn si grand calomniateur, & qui auance auec tant de hardiesse des faussetez si visibles pour des tesmoignages conuainquans, qui doiuent faire perdre la reputation à vn nombre infiny de gens d'honneur & de pieté, & apres lesquels on ne puisse plus douter qu'ils ne soient Caluinistes dans l'ame, & tout disposez à aller au presche au premier temps fauorable?

Est-ce qve les Iesuites voudroient que cet homme nous eust appris la vraye cause de son apostasie, & qu'il nous eust declaré publiquement qu'il ne s'est fait huguenot, que pour auoir voulu inspirer en secret à des ames simples telles & telles mauuaises maximes dans les Dioceses de Thoulouse & de Bazas, & pour auoir fait telles & telles extrauagances, & auoir apprehendé d'en estre puny?

XXI. Que tous ceux qui quittent l'Eglise cherchēt de faux pretextes pour justifier leur reuolte.

Ne sçauent-ils point, que tous ceux qui sortent de la communion de l'Eglise, & passent dans l'heresie ou dans le schisme, le font d'ordinaire par des passions qui les animent ou d'ambition & de jalousie, ou de libertinage & de vice, ou de depit de vengeance; & qu'ils ont aussitost recours au mensonge, pour donner vne honneste couleur à leur reuolte honteuse: pour l'attribuer aux inspirations de Dieu, & aux connoissances qu'il leur a données des abus & des erreurs de la religion catholique, & qu'ils en cherchent & en publient contr'elle de nouuelles qu'ils inuentent, ou d'anciennes qu'ils renouuellent & reproduisent, ausquelles ils n'auoient pas quelquefois seulement pensé, lors qu'ils estoient dans l'Eglise, & lesquelles mesmes ils detestoient; s'efforçant ainsi de cacher sous le voile de ces pretextes specieux, qui ne marquent qu'vn amour pour la verité de la Foy, les noires & souuent infames causes de leur sortie de l'Eglise?

Lactant lib. 4.

Ne sçauent-ils point, que *Marcion ayant esté rejetté de la communion catholique pour auoir corrompu vne Vierge*, s'auisa de soustenir que l'Eglise estoit dans l'erreur pour cacher son crime sous l'ombre fausse des dogmes & de la doctrine?

Tertullia. De præscript. adu. hær. c. 51.

Ne sçauent-ils point que *Theodose ou Theodotion*, qui estoit chrestien, catholique, *& sçauant, ayant renoncé Iesus-Christ* dans la persecution des Empereurs idolatres, &

Ibid. c. 53.

estant tombé dans l'apostasie par la crainte des tourmens, s'a-uisa pour en couurir la honte, comme dit saint Epiphane, de blasphemer apres contre Iesus-Christ ; croyant dit saint Augustin, *qu'il éuiteroit le des-honneur & l'opprobre de sa cheute s'il paroissoit qu'il n'auoit pas renoncé vn Dieu mais vn homme?*

Epiphan. hær. 54.

Aug. de hæres. ad quod vultDeum n. 33.

Ne sçauent-ils point, que saint Hierosme, & l'ancien auteur du Commentaire sur saint Paul attribué à saint Ambroise rapportent, que *Tertullien Prestre* qui a demeuré à Rome, & y a publié son Apologie, ne s'engagea dans le schisme que par des mouuemens de vengeance *contre les Prestres de Rome qui luy portoient de l'enuie, & qui luy auoient fait diuerses injures*; & que Baronius dit : que *peut-estre il souffrit impatiemment, que Victor qui estoit Africain comme luy fust esleu Pape plustost que luy, ou que ce Pape ne luy tesmoignast pas autant d'estime de sa suffisance qu'il croyoit en meriter.* Et que neantmoins le mesme Tertullien n'attribuë sa separation de l'Eglise, qu'à la lumiere de Dieu, *qui luy auoit fait reconnoistre & soustenir la verité des Propheties & des reuelations de Montan* & de ses deux propheteſſes pretenduës : qu'il combattit ainsi *pour les Cataphryges lesquels il auoit traitez d'heretiques auparauant*, comme dit saint Augustin : qu'il soustint, *que l'Eglise ne pouuoit remettre les pechez par la penitence, quoy qu'il eust soustenu auparauant le contraire*, comme dit S. Pacien, *ruinant ainsi ses premiers sentimens*, ainsi que le sieur Labadie, *par les nouuelles erreurs qu'il auoit embrassées dans sa reuolte*, comme le tesmoigne saint Hierosme.

Hieron. de scriptor. eccles.

Ambrosiaster in Ep. 1. ad Cor. c. 13.

Baron. an. 201.

Tertullia. adu. Prax. c. 1.

Aug. de hæres. n. 86.

Pacian. Ep. ad Sympron. contra Nouatian.

Hieron. Ep. 146. Damaso.

Ne sçauent-ils point, *que Nouatien Prestre de Rome, estant piqué d'enuie contre le Pape Corneille*, comme dit saint Pacien, *perdit la charité & corrompit la science*, selon que l'escrit vn ancien auteur, & que saint Pacien parlant à Sympromien heretique Nouatien, comme s'il parloit à Nouatien mesme, il luy dit : *Pour moy je me suis tenu jusques à present dans vne tranquillité & vne asseurance toute entiere que me donne la suite & la succession de l'Eglise : je suis tousiours demeuré content & satisfait de la paix de cette ancienne congre-*

Pacian. Ep. 2. ad Sympronian.

gation de tous les fidelles: je n'ay point appris à exciter des diuisions & des disputes, & je n'ay point recherché des sujets de contentions & de combats. Mais vous, apres que vous auez esté separé du reste du corps, & diuisé d'auec vostre mere, vous fueilletez tous les liures; vous remuez tout ce qui estoit secret & caché: vous inquietez & vous troublez tout ce qui auoit esté jusques à present dans la securité & dans le repos; & vous ne faites tout cela que pour rendre raison de vostre separation, que pour justifier vostre sortie de l'Eglise.

Ne sçauent-ils point que Nouat prestre de Carthage, que les Grecs ont confondu auec Nouatien prestre de Rome, estant piqué en ce mesme temps de la mesme passion d'enuie contre S. Cyprien son Archeuesque, *craignant*, cõme Labadie, *la juste punitiõ de ses crimes dont il se sentoit coupable: estant asseuré qu'il seroit deposé de sa prestrise & excõmunié, trauailla pour empescher la prononciation de la sentence, excita des factions & forma des brigues contre son Prelat, & voyant qu'il estoit prest d'estre condamné & d'estre chassé de l'Eglise*, comme Labadie, *preuint le jugement des Euesques par sa sortie de l'Eglise, comme si s'estoit auoir euité la peine que d'auoir preuenu soy-mesme le jugement*. Qu'ensuite de sa sortie schismatique de l'Eglise de Carthage dont il estoit prestre, il alla se joindre à Rome auec Nouatien qui estoit animé contre le Pape Corneille; & pour montrer que toute doctrine est bonne à ces miserables, *qui ne peuuent demeurer dans l'Eglise de Dieu*, dit saint Cyprien, *parce qu'ils n'en peuuent garder la deifique & Ecclesiastique discipline par la conduite de leur vie, & par la paix de leurs mœurs*, au lieu que Nouat soustenoit à Carthage contre saint Cyprien qu'il estoit trop seuere pour la penitence de ceux qui estoient tombez dans l'apostasie, lesquels il vouloit estre absous aussi-tost apres leur confession, il soustint à Rome tout le contraire de cette erreur, s'estant joint à Nouatien, qui soustenoit contre le Pape Corneille, que l'Eglise estoit trop indulgente de receuoir les pecheurs à penitence apres le baptesme. Ce qui fait bien voir, que ces hommes animez d'vn esprit de faction se mettent

Cypr. ep. 49. Cornelio.

Cypr. ibid.

peu en peine de la doctrine, lors qu'ils ont quitté l'Eglise, & qu'ils sont capables, comme Labadie, de tous les dogmes heretiques anciens & nouueaux que tiennent ceux, parmy lesquels ils se refugient, & où ils trouuent l'azile qu'ils cherchent, ou pour la seureté de leur vie, ou pour l'appuy de leurs passions, ou pour la commodité de leur libertinage & de leurs vices. Que ces deux schismatiques Nouat & Nouatien dechirerẽt tous deux le Pape Corneille, & semerent de faux bruits contre luy, dont l'vn estoit qu'il auoit communiqué auec ceux qui auoient sacrifié aux idoles : que ces médisances se répandirent dans l'Afrique, & que saint Cyprien l'en justifiant à l'Euesque Antonien par vne de ses lettres, luy dit : QV'VN BON FRERE *& vn Prelat de la mesme communion catholique comme luy, ne deuoit pas croire facilement ce que des hommes malicieux & apostats publioient d'vn catholique, & que ce qu'il auoit ouy dire de Corneille, n'estoit venu que des faux bruits que ces apostats auoient semez*, & escrit ces belles paroles aux autres fidelles catholiques: *Nemo vos christianos ab Euangelio Christi rapiat : nemo filios Ecclesiæ de Ecclesia tollat. Pereant sibi soli qui perire voluerunt : extra Ecclesiam soli remaneant, qui de Ecclesia recesserunt.*

Id ep. 52. Antoniano.

Id. ep. 40. plebi vniuersæ.

XXII. Que Labadie n'a garde de publier les desordres honteux qui ont donné lieu à son apostasie.

Du Perron replique ch. 85.86.87.

ET POVR descendre, Monsieur, jusques à nostre temps, ne sçauent-ils point que Casaubon escriuant pour le Roy d'Angleterre declare : *Que cette Eglise s'est separée de la Romaine, à cause que la Romaine a abandonné l'ancienne doctrine de l'Eglise primitiue, tant pour les dogmes que pour la discipline, & que depuis quelques siecles elle a trouué le joug de la seruitude Romaine si dur par tant de nouuelles vexations & d'exactions inouyës, que ces deux causes deuant tous les juges equitables sont plus que suffisantes pour l'exempter du soupçon de schisme.* Et que Monsieur le Cardinal du Perron luy replique en peu de paroles : *Que quand il plaira à sa Majesté repasser par sa memoire l'histoire du schisme d'Angleterre, elle trouuera que toutes ces choses qui s'alleguent pour pretexte de la diuision de l'Eglise, n'en ont aucunement esté la cause. Au contraire, que l'Eglise Anglicane estoit plus fleurissante*

Ib. ch. 87.

quand cette separation arriua, & le Roy d'Angleterre & son Clergé plus affectionné à maintenir la foy & la communion de l'Eglise Romaine qu'ils n'auoient jamais esté auparauant, comme il paroist par le liure qu'il fit pour la defense de l'Eglise contre Luther (ainsi que Labadie en a fait vn du saint sacrifice de la Messe tout opposé à l'heresie de Caluin) *mais que ce fut la passion amoureuse de ce Roy qui fut la vraye & vnique cause de toute cette Iliade de maux: Hinc illæ lacrymæ. Delà vinrent ces larmes.* Et les Iesuites, Monsieur, ne sont-ils pas obligez eux-mesmes de reconnoistre qu'il y a du vice & du libertinage meslé auec les folles visions & les entreprises sacrileges du sieur de Labadie? Et qu'a de cõmun la doctrine de la grace auec la profanation de la mesme grace par les passions voluptueuses? Qu'ont de commun les sentimens de saint Augustin auec les affections brutalles & cyniques d'vn homme perdu de foy & de conscience, & qui est conuaincu de ces crimes par des lettres escrites & signées de luy, & par *vne Ode* qu'il a composée & qui est écrite de sa propre main? Qu'a de commun la doctrine sainte, soit des Peres touchãt la penitence, soit de ce Pere des Peres touchant la grace auec des * *danses d'hommes tout nuds* pareilles à celles des Gnostiques & des Adamiens anciens heretiques? Qu'a de commun cette seuerité si salutaire de l'Eglise touchant le jeusne du Caresme, au delà mesme de ce qui est aujourd'huy d'obligation absoluë, dont vn Iesuite à Blois a reproché la pratique à vn Docteur de Sorbonne, Curé d'vne assez grande parroisse, parce qu'il est amy de Messieurs de Port Royal, auec cette sensualité libertine, criminelle à vn catholique, & honteuse à vn Prestre, qui a porté ce miserable Labadie corrompu dans l'esprit & dans le corps *à manger de la chair durant le Caresme de l'année derniere*, lors qu'il estoit encore dans la communion de l'Eglise, & qu'il disoit tous les jours la Messe? *Hinc illæ lacrymæ*: c'est de là qu'est venu son aueuglement, son apostasie est l'effet de ces desordres directement contraires à la pieté solide & irreprochable des disciples de

* C'est le sujet de cette Ode infame qui est écrite de sa propre main.

Epiphan. hær. 26. & 52. Aug. de hæres. ad Quoduultd. c. 31.

ſaint Auguſtin, qui les deteſtent & qui les abhorrent, & à cet eſprit de mortification & de penitence que ces ſeruiteurs de Dieu, non ſeulement conſeillent aux autres, comme ont fait tous les ſaints Peres, mais prattiquent eux-meſmes comme les ſaints Peres, & que cet homme libertin ayant reconnu en eux & en feu Monſieur l'Eueſque de Bazas vny auec eux, qui menoit vne vie tres-auſtere à l'imitation du grand ſaint Charles, appelloit *judaïſme & phariſaïſme*, ainſi qu'il eſt juſtifié par les informations de ſon procez. C'eſt pourquoy, Monſieur, comme les anciens Peres & defenſeurs de la religion chreſtienne, ſaint Iuſtin Martyr, ſaint Clement d'Alexandrie & Lactance voyant qu'on diffamoit l'Egliſe à cauſe que quelques chreſtiens & entr'autres les heretiques Gnoſtiques, Caſpocratiens, & Adamiens eſtant conuaincus de crimes & de ſacrileges horribles, eſtoient confondus par les payens auec les chreſtiens catholiques, qui condamnoient ces abominations, leur reſpondoient: *Qu'ils ne reconnoiſſoient plus pour chreſtiens ceux qui eſtoient ſeparez de l'Egliſe de Ieſus-Chriſt qui eſt la propre maiſon de la verité, le domicile de la foy, & le temple de Dieu; & qu'ils demandoient qu'on les puniſt comme meſchans & non comme chreſtiens; mais que les autres qui eſtoient purs & innocens fuſſent abſous comme chreſtiens*, auſſi nous ne reconnoiſſons plus le ſieur de Labadie pour diſciple de ſaint Auguſtin, mais pour heretique, pour criminel & pour apoſtat. Car ce diuin maiſtre ayant pris la qualité de *ſeruiteur de Ieſus-Chriſt & de ſon Egliſe*, & ayant eſté appellé par ſaint Paulin *homme de Ieſus-Chriſt & docteur de la verité dans l'Egliſe*, nous ne reconnoiſſons plus pour ſon diſciple celuy qui a quitté la mere de ce grand maiſtre: il ne nous eſt plus qu'ennemy, *qu'infidelle, & publicain*, ſelon l'Euangile, & non Auguſtinien, *puis qu'il n'eſcoute plus l'Egliſe*, dont l'autorité ſeule nous attache à celle de ce grand Saint, parce qu'elle meſme nous aſſeure qu'il n'a eſté que ſa voix & ſon organe.

Iuſtin. Mart. Apol. 1. Clement. Alex. ſtrom. l. 3. Lact. lib. 4.

Cypr. Ep. 52. Lact. l. 4.

Paulin. Ep. 44. ad Aug.

XXIII. Menſon-

MAIS LES Ieſuites, Monſieur, ne ſçauent-ils point encore,

encore, & ceey les doit couurir de confusion: Que leur Pere Iarrige, qui apres auoir esté huguenot enuiron deux ans est heureusement reuenu à l'Eglise, auoüe luy-mesme dans sa retractation: *que la seule animosité violente qui l'animoit contre le Pere Rousseau Prouincial & la colere que luy donnoient quelques deplaisirs qui le rongeoient, l'auoit porté à se faire huguenot, & à s'attacher fermement au party des pretendus reformez pour combatttre ses aduersaires, & viure en seureté dans la Hollande sous la protection des serenissimes Estats: Et que neantmoins*, comme il dit luy-mesme, *il voulut faire croire* ainsi que le sieur de Labadie, *que le saint Esprit auoit esté l'auteur de son changement: qu'il fit vn coup d'imposteur lors que pour justifier au public son lamentable procedé, il tascha de voiler son apostasie du titre specieux d'inspiration diuine, & de vocation surnaturelle: Que pour illustrer ce premier & cet impudent mensonge, il le reuestit de circonstances aussi fausses que criminelles à sçauoir: Qu'il y auoit seize ans que Dieu auoit jetté dans son esprit les premiers fondemens de l'œuure qu'il auoit commencé dans son païs* (à la Rochelle) *peu de mois auparauant, & qu'il auoit acheuez heureusement & auec satisfaction dans les terres de Hollande*: que le sieur Labadie apostat comme luy, est vn menteur comme luy, & veut persuader comme luy malgré toutes les actions qu'il a faites comme vn prestre catholique à la veuë de toute l'Eglise de France, qu'il y a plus de quinze ou vingt ans, sçauoir lors qu'il estoit encore Iesuite comme le Pere Iarrige que Dieu l'a appellé à la lumiere de son Euangile, & luy a inspiré les premiers sentimens du Caluinisme, qu'il a detesté & refuté durant tout ce tẽps, comme le Pere Iarrige, par tous ses sermons, ses Declarations, ses lettres à ses amis, & ses liures imprimez.

ges du P. Iarrige lors qu'il se fit huguenot semblables à ceux de Labadie.

Retractat. du P. Iarrige p. 8.

Ib. p. 18.

Ib. p. 20.

Ne sçauent-ils point Monsieur, que le mesme Pere Iarrige confesse ensuite: *Qu'il s'estoit representé en ce point plus meschant qu'il n'auoit esté, & qu'il s'estoit rendu faussement criminel pour recommander vne vocation pretenduë: qu'il n'y auoit pas seulement seize ans, mais non pas deux mois qu'il auoit fait dessein de se rendre heretique: Que la seconde circonstance*

Ib. p. 20.

P. 22.

qu'il auoit jointe à cette premiere, estoit la plus notable de ses fourbes sçauoir, qu'il auoit esté touché au temps que le feu sieur Audebert faisoit guerre ouuerte aux Pasteurs de la Rochelle, & qu'ayant esté destiné par vn secret merueilleux de la diuine Prouidence pour accompagner cet homme & l'aider à chercher dans les liures les passages citez, la verité qui a les qualitez du soleil auoit porté son flambeau dans ses yeux sans qu'il la cherchast:
p. 16. qu'il dit en vn autre endroit : *Qu'estant huguenot il n'a jamais interrogé d'Apostat, qui dans le discours familier ne luy ait auoüé que la cause de son abjuration estoit, ou la violence de la passion, ou la perpetration de quelque crime*, quoy qu'en public ces mal-heureux l'attribuënt à vn zele pour la verité, & à vn mouuement de religion ; & enfin qu'il confesse :
p. 8. *que l'heresie se nourrit dans les impostures, & qu'ordinairement les paroles qui sortent de sa bouche trahissent les sentimens du cœur.*

Quel est donc, Monsieur, cet estrange aueuglement de l'animosité des Iesuites contre les disciples de saint Augustin, qui les porte à vouloir, qu'on adjouste foy aux paroles d'vn apostat comme Labadie, lors qu'il cherche à couurir, ainsi que tous les autres heretiques, la cause honteuse & publiquement honteuse de sa sortie de l'Eglise, quoy qu'ils voyent eux-mesmes que tous les Peres & tous les catholiques en tous les temps ont regardé les Apostats comme des imposteurs publics qui s'abandonnant à l'esprit de schisme & d'heresie se sont vendus & prostituez à l'esprit de mensonge qui en est inseparable. Ils voyent que leur Pere Iarrige s'estant fait huguenot est deuenu aussi-tost vn imposteur selon qu'il l'auouë luy-mesme rendant gloire à la verité, qu'il auoit honteusement violée : Et ils veulent que Labadie par vn priuilege particulier en se faisant huguenot comme luy n'ait pas esté vn imposteur comme luy. Ils veulent bien, que ce prestre leur Religieux profez, qui auoit esté 24. ans Iesuite soit reconnu pour vn faulsaire & pour vn menteur estant apostat ; & ils veulent que Labadie qui a esté Iesuite 15. ans & qui est sorty de chez-eux malgré

L'acte de son congé porte, ipso petente ob inualetudinē illum ab omni erga societatem noeux, qu'ils ont depuis hay mortellement & poursuiui sans cesse à cause que leur maxime est de decrier & de des-honnorer ceux qui sortent de leur Societé sans conseruer d'intrigue auec elle, estant deuenu perfide & infidele à Dieu & à son Eglise, soit demeuré sincere & fidele aux hommes, parce qu'ils croyent pouuoir se seruir de ses impostures & de ses mensonges pour des-honnorer dans l'Eglise ceux qu'ils persecutent : & ainsi ils veulent qu'on fasse plus d'honneur à cet apostat qu'on a fait à leur Pere Iarrige & à tous les autres qui ne sont que des fourbes & des meschans, afin d'employer ses fourberies pour couurir des Docteurs de Sorbonne tres-catholiques de des-honneur & de honte.

stram obligatione liberum dimisimus. 17. Ap. 1639. B. Iacquinotius.

XXIV. Refutation de la calomnie honteuse de Labadie & des Iesuites contre l'honneur de M. Iansenius Euesque d'Ipre.

a *p. 16.*

N'EST-IL PAS estrange, Monsieur, qu'ils tesmoignent croire comme veritable, la plus noire & la plus sensible de toutes les faussetez, en disant dans leur libelle: [a] *Qu'il proteste qu'il n'a pas changé la creance du Iansenisme en professant le Caluinisme : mais que seulement il a commencé de faire profession publique de quelques points moins importans à la religion qui seront aisement receus par ses bons amis les Iansenistes.* Ie ne m'estonne pas, Monsieur, qu'vn apostat ait assez d'impudence pour escrire ces paroles, parce que je m'estonnerois, s'il auoit eu encore de la pudeur apres auoir abjuré comme des idolatries & des impietez ce qu'il y a de plus saint & de plus adorable dans la religion de IESVS-CHRIST, & publié ses sacrileges auec vne insolence prodigieuse. Mais je m'estonne que les Iesuites qui sont catholiques n'ayent pas regardé ces paroles comme escrites ou par vn fou & vn ignorant, ou par vn athée: qu'ils ne les ayent pas regardées auec vn esprit catholique, c'est à dire eclairé des lumieres de la foy, mais auec vn esprit Iesuite, c'est à dire aueuglé de passion. Quoy, Monsieur ? Ils nous voudront persuader sur la foy d'vn apostat qui vient de se rendre Caluiniste : *Que la creance du Iansenisme n'est autre que celle du Caluinisme.* Où est la sincerité, où est la conscience, où est la pudeur ? Monsieur Iansenius Docteur de Louuain & Professeur du Roy en

Theologie, qui émeu du zele de nostre religion, accepta genereusement le defy que les Ministres de Boisleduc auoient presenté au Clergé de cette ville, & generalement à tous les catholiques du pays; & s'engagea luymesme à ce noble & ce saint combat, non seulement pour soustenir l'honneur de l'Eglise, & rabattre leur insolence, mais aussi pour fortifier les catholiques de cette ville que les Ministres vouloient corrompre apres que les Estats de Hollande l'eurent conquise. Monsieur Iansenius qui attaqua ces audacieux par cet excellent *Antidote* qu'il composa contre le venin du Caluinisme, & qui mit tellement tous ces Ministres en desordre par ce petit liure tres-fort & tres-eloquent, qu'ils ne se peurent empescher de se plaindre de son eloquence dans la responſe qu'ils luy firent, & de tesmoigner tant de peur de cet aduersaire formidable, que n'osant entrer en lice auec luy, ils furent reduits à dire, [a] *que leur defy ne regardoit point la faculté de Louuain, mais seulement le Clergé de Boisleduc.* Monsieur Iansenius qui foudroya la responſe du plus habile de ces Ministres, nommé Voüet par vne Replique encore plus forte, où il employe diuers chapitres qui portent pour tiltre, *De la doctrine Caluiniste*, par lesquels il montre tres clairement: *Que plusieurs articles de la creance de Caluin ont esté condamnez par l'Eglise il y a déja plusieurs siecles*: & rapporte entre les premieres erreurs qu'il marque, & *qu'il refute par saint Augustin quelques vnes de celles qui touchent la grace en ce qu'il a nié le libre arbitre, comme les Manicheens, en ce qu'il attribuë à Dieu & non à la volonté humaine les pechez des hommes, & qu'il en fait Dieu auteur*, ce qu'il soustient estre *le plus detestable blaspheme qu'aucun heresiarque ait jamais vomy contre Dieu.* Monsieur Iansenius qui montre par vn autre chapitre exprés: *que la foy de Caluin n'est qu'vne heresie tres-nouuelle & vne apostasie: que l'esprit de Caluin n'a plus besoin d'estre éprouué*, comme pretendoient les Ministres, *& qu'on estoit asseuré depuis plus de quatre-vingts ans, que ce n'est qu'vn esprit d'erreur, d'heresie, & de blaspheme*: M. Iansenius enfin qui dans son

Alexipharmacũ ciuibus Sylueducensibus propinatum aduersus libellum prouocatoriũ ministrorum Sylueducensium Autore Cornelio Iãsenio S. Theol. Doctore & Profess. regio in Academia Louan.

a *M. Iansenius in spongia notarum, &c. c. 58. rapporte les propres paroles de ces Ministres dãs une declaratiõ qu'ils firent en suite de son Antidote.* Nos nec ipsos (Doctores Louanienses) nec quemquam prouocauimus nisi clerum Buscoducensem neque libellus noster magis tangit Doctores Louanienses, quam salmanticenses, aut Parisienses.

Spongia notarum, &c. c. 59. De doctrina Caluiniana. Nonnulli articuli doctrinæ Caluinianæ à multis sæculis damnati.

c. 60.

grand ouurage, quoy qu'il ne se fust obligé qu'à representer les vrais sentimens de saint Augustin, n'a pas laissé de remarquer, *en quoy Caluin s'estant éloigné des veritez catholiques que ce saint Docteur a establies, auoit merité d'augmenter le catalogue des anciens heretiques par l'opprobre & l'infamie de sa condamnation*, n'aura point eu *d'autre creance que Caluin mesme*, si l'on en croit Labadie & les Iesuites qui le produisent aujourd'huy comme vn tesmoin que son apostasie a rendu digne de foy, parce que ses impostures leur sont dautant plus agreables, qu'elles sont plus injurieuses aux Docteurs catholiques qu'ils veulent perdre? c. 63. Tom. 3. lib. 8. c. 21.

XXV. Fausseté de Labadie autorisée par les Iesuites, que hors la Grace tout le reste qui nous diuise des huguenots ne sont que quelques poincts moins importans à la Religion.

QVE SI LES Iesuites tesmoignent en ce premier point n'auoir ny sincerité, ny conscience, ny pudeur, ils tesmoignent dans le second n'auoir ny la foy des catholiques, ny la lumiere la plus commune des moindres Theologiens de l'escholle, car s'ils ne croyent pas ce que dit en suite Labadie, *qu'en se faisant huguenot, il a seulement commencé de faire profession publique de* QVELQVES POINTS MOINS IMPORTANS A LA RELIGION, ils le rejettent eux-mesmes comme vn imposteur: que s'ils le croyent, il faut donc qu'ils croyent, que tant d'autres articles de foy (outre ceux de la justification & de la grace) que l'heresie Caluiniste a foulez aux pieds, ne sont *que quelques points moins importans à la religion qui seront aisement receus* par des Docteurs de Sorbonne, parce qu'ils ne sont que catholiques & Augustiniens, & non Molinistes. Quoy, Monsieur? Tous ces articles de foy qui sont establis sur toute la tradition de l'Eglise, qu'on ne peut nier sans estre heretique & sans se damner, tels que sont ceux qui regardent les marques de l'Eglise qui la distinguent de toutes les autres Eglises, sçauoir, qu'elle est vne, qu'elle est visible, qu'elle est catholique, qu'elle est perpetuelle, qu'elle est infaillible: les articles qui regardent le jugement des contestations touchant la foy de l'autorité des Escritures, des Traditions apostoliques, des Conciles, du consentement vniuersel, & de la Tradition des

Peres grecs & latins. L'article general de la mission des Ministres ceux qui regardent les sept sacremens, dont les Caluinistes n'admettent que deux, & les autres articles particuliers, comme sont le culte des saintes images, la veneration des reliques, le celibat des Prestres, l'obligation des vœux, le jeusne du Caresme, la primauté de saint Pierre & du Pape son successeur, l'eminente dignité des autres Euesques, & l'obseruation des sacrées & anciennes ceremonies : Et outre tous ces articles, ces autres encore qui regardent le plus saint de nos mysteres, & composent le plus religieux culte de toute l'Eglise, sçauoir la presence réelle du corps de IESVS-CHRIST au saint Sacrement, par la transubstantiation du pain & du vin, l'oblation du sacrifice de l'Eucharistie ; la priere & l'oblation pour les morts, & l'inuocation des Saints qui font partie de cet auguste & vnique Sacrifice, le gage le plus precieux de l'amour de IESVS-CHRIST, le throsne de son espouse, l'ornement & la gloire de nos autels, pour la defense de tous lesquels articles Monsieur le Cardinal du Perron a tant combattu les Caluinistes, & pour lesquels seuls il a fait trois gros volumes, sans auoir jamais traitté contre eux de la justification & de la grace, & sans qu'eux mesmes l'y ayent jamais engagé les derniers Ministres ayant abandonné Caluin en diuers articles de cette matiere, parce qu'ils l'ont reconnu contraire à saint Augustin dont ils redoutent l'autorité, & ayans consideré tous ces autres grands articles de foy que je viens de rapporter comme le plus contentieux & les plus difficiles, *ne sont*, si l'on croit plus cet apostat, nouuel apostre des Caluinistes, que tous les autres escriuains de cette secte, & si l'on en croit les Iesuites, qui font semblant d'adjouster quelque foy aux folles imaginations de cet hôme, *que quelques points moins importans à la religion qui seront aisemẽt receus* par des Docteurs de Sorbonne egalement sçauans, catholiques & pieux.

Lettre au sieur Casaubõ. Monsieur le Cardinal du Perron dans cette fameuse lettre qu'il escriuit en response à Casaubon, l'vn des plus illustres defenseurs de cette heresie, & de la plume duquel le Roy Iacques d'Angleterre se seruit ensuite contre l'Eglise, declare, *Qu'en la seule Synaxe & Liturgie de l'Eglise, qui est le sceau de la Communion de l'Eglise, les quatre principales choses, pour lesquelles les Caluinistes se sont separez de nous sont, la presence reelle du Corps de Christ au Sacrement, l'oblation du Sacrifice de l'Eucharistie, la priere & oblation pour les morts; & la priere des Saints; & que les anciens les ont tous vniuersellement & vniformement creus, tenus, & pratiquez comme choses necessaires à salut.* Et il dit encore apres: *Ces quatre poincts sont les principalles sources de nostre dissention & desquels estant conuenus il nous sera aisé de nous accorder des autres.* Et les Iesuites veulent persuader au peuple, que ny Casaubon attaquant l'Eglise, ny Monsieur le Cardinal du Perron la deffendant ne sont pas si croyables lors qu'ils marquent *ces quatre poincts* comme essentiels, & comme *les sources du schisme & de l'heresie des Caluinistes* qui leur ont acquis le nom de Sacramentaires, que ce visionnaire & cet ignorant.

Que si, Monsieur, le seul point de la presence reelle du Corps de IESVS-CHRIST en l'Eucharistie, que les Lutheriens croyent auec l'Eglise catholique, les a tellement diuisez des Caluinistes sacramentaires qui le nient, qu'encore qu'ils soient d'accord ensemble sur enuiron trente-huit articles de quarente, où Caluin combat l'Eglise: neantmoins parce que cette presence reelle est vn poinct de foy capital, *& le nœud de nostre vnion auec Dieu*, comme dit saint Cyrille d'Alexandrie, Luther proteste: *Qu'il prend Dieu à tesmoin & tout l'Vniuers, qu'il n'est pas du sentiment des* SACRAMENTAIRES*: qu'il ne l'a jamis esté; & qu'il ne le sera jamais auec la Grace de Dieu; mais qu'il desire que ses mains soient nettes du sang de tous ceux dont ils seduisent les ames, les égorgent, & les separent de Iesus-Christ par le poison de cette doctrine:* S'il appelle ouuertement *Zuingle, Oecolampade, & leurs disciples*, sçauoir Caluin & les autres Sacramentaires, *heretiques ennemis des Sacremens, & qui seront eternellement damnez*, comme le re-

Cyrill. in Ioan.l. 11.c.27. Luther. lib. defens. verb. Cœna, Accipite, comedite. c. 4.

Cornel. Ianʃ. ʃpongia, & c De miʃsione Miniʃtrorum c. 25.

proche Monſieur Ianſenius Eueſque d'Ipre aux Miniſtres de Boiſleduc, contre leſquels il a deffendu la foy catholique : Si lors qu'on exhortoit Luther à s'accorder auec eux, il dit ſes meſmes mots : *Voicy ma declaration ſincere & qui ſort du fond de mon cœur : Que maudit ſoit à toute eternité cet accord :* Si le meſme *Luther* (au rapport de Monſieur le Cardinal du Perron dans cet excellent liure où il a montré aux Caluiniſtes qui diſoient que ſaint Auguſtin eſtoit pour eux touchant le Sacrement de l'Euchariſtie qu'il eſtoit abſolument contre eux ainſi que les autres Peres) *mourant & enfantant la vipere dont ils ſont tous ſortis, leur reproche : les Sacramentaires*, dit-il, *tiennent ſaint Auguſtin pour leur propre patron, à cauſe qu'il vſe ſouuent de ces mots, Sacrement, Myſtere, ſigne inuiſible, intelligible. A mon jugement l'Egliſe depuis les Apoſtres n'a point eu vn plus excellent Docteur que ſaint Auguſtin. Mais ce Saint & venerable Docteur eſt ſi vilainement & contumelieuſement deſiguré par les Sacramentaires qu'il eſt allegué pour garand & patron d'vne venimeuſe, blaſphematoire, & erronée hereſie. De moy tant qu'il me ſera poſſible, & que Dieu me donnera la vie j'y reſiſteray & proteſteray qu'on luy fait tort:* Si *Beze Caluiniſte ſe plaint à Iacques André Lutherien dans la conference de Montbeliard de ce qu'il auoit appellé les Caluiniſtes, des Mahometans & leurs pretendus martyrs des martyrs du Diable :* Si l'Egliſe à conſideré l'entrée que les Caluiniſtes donnerent en leur communion aux Lutheriens lors que le Roy de Suede Lutherien faiſoit de grandes conqueſtes en Allemagne, comme vne vraye conduite d'heretiques, qui n'ont de religion que ſur les levres, puis qu'ils communiquoient ſans ſcrupule auec les ſectateurs de celuy qui les enuoye tous en enfer comme ennemis de Dieu & de ſon Egliſe, & qu'eux auſſi auoient combattus juſques alors comme eſtant pires en ce poinct que les catholiques : & enfin ſi Monſieur le Cardinal du Perron eſcrit : *Que les repugnances entre Luther & Caluin* SVR CE SEVL POINCT DE L'EVCHARISTIE *ſont des combats mortels & ſanglans, & des contradictions en choſes de la ſubſtance*

Paſſages de S. Auguſtin p. 2.

Cornel. Ianſen. Ibid.

De l'Euchar. l. 3. p. 962.

ſubſtance de la foy, dont vne partie ne peut eſtre tenuë ſans anatheme & excommunication de ceux qui embraſſent l'autre, quoy que les Lutheriens & les Caluiniſtes ſoient d'accord entr'eux pour ce qui regarde la juſtification & la Grace dans tous les poincts capitaux, ne faut-il pas que le ſieur de Labadie ait perdu le ſens & les Ieſuites toute pudeur, pour dire & pour croire, que hors les points de la Grace, tous les autres qui ſont en ſi grand nombre, & que j'ay rapportez cy-deſſus, dont cet apoſtat *a fait profeſſion publique à Montauban* en abjurant la foy catholique, SONT SEVLEMENT QVELQVES POINTS MOINS IMPORTANS A LA RELIGION, QVI SERONT AISEMENT RECEVS *par les Docteurs catholiques Ianſeniſtes?*

XXVI. Deffenſe de Monſieur Arnauld contre les impoſtures des Ieſuites.

SVR-QVOY je vous ſupplie, Monſieur, de conſiderer, que ſi Luther pour le ſeul point de la preſence réelle de IESVS-CHRIST au ſaint Sacrement, ſans admettre meſme la Tranſſubſtantiation & le ſacrifice que ſouſtiennent tous les catholiques, eſt ſi ennemy des Caluiniſtes, *qu'il maudit tout accord auec eux pour toute l'eternité, & les tient pour heretiques & pour damnez*, ces meſmes Caluiniſtes peuuent-ils eſtre conſiderez autrement que cõme des heretiques abominables par des Docteurs de Sorbonne, & en particulier par Monſieur Arnauld, qui a tant trauaillé par le liure de la frequente Communion, pour porter les catholiques à reuerer auſſi-bien par leur vie que par leur foy ce Sacrement adorable: qui a rapporté tant de ſaintes remonſtrances & d'excellens decrets des Papes, des Peres, & des Conciles pour leur imprimer cette reuerence en leur imprimant le deſir d'vne ſolide conuerſion & d'vne penitence veritable, par laquelle ſeule on honnore IESVS-CHRIST en ce grand & ineffable myſtere: qui *a eſtably par les teſmoignages de ces grands Saints la verité de ce Sacrement contre les heretiques qui la nient, & la veritable diſpoſition à ce Sacremẽt contre les catholiques qui l'a combattent*, & qui fait au meſme lieu cette ſage reflexion: *Que ſi ce Sacrement n'eſtoit autre choſe que la figure de Ieſus-Chriſt*, COMME PRETENDENT LES HERE-

Preface de la freq. Communion p. 13. 14. 15.

TIQVES, *il est certain qu'il ne demanderoit pas vne disposition si particuliere pour s'en approcher. Mais estant Dieu mesme, comme nous leur prouuons par l'Escriture sainte & par les Peres, & Dieu deuenu pain viuant & immortel pour la nourriture de nos ames immortelles, comment pouuons-nous souffrir qu'on le traitte si indignement, que de juger bien disposez pour approcher souuent de ses autels redoutables ceux qui sont en vn estat si mal-heureux & si esloigné de luy selon la mesme Escriture & les mesmes Peres?* D'où il paroist que ce Docteur tres-catholique n'a fondé tout son liure de la frequente Communion, que sur le principe immobile de la foy de l'Eglise contre l'heresie des sacramentaires : qu'il n'a edifié cet ouurage tout composé de *l'or & des perles precieuses* des regles des Peres & des Canons des Conciles, que *sur le fondement* diuin & immobile, *qui est Iesus-Christ* present en l'Eucharistie, c'est à dire sur les ruines du Caluinisme.

1. Cor. 3. 11. & 12.

XXVII. Defense de feu Monsieur l'Abbé de saint Cyran & du Port-Royal cõtre les mesmes impostures.

Iugez, Monsieur, si feu Monsieur l'Abbé de S. Cyran qui a tant seruy par ses saintes instructiõs aux *filles de Port Royal*, que les Iesuites disent sans rougir *estre plus proches de Geneue & de Charenton que de Rome & de nostre-Dame de Paris*, peut leur auoir inspiré vn autre esprit que celuy qu'auoit sainte Therese *d'vne vehemente douleur en voyant ces ames qui se damnent dans leur heresie*, luy qui n'a jamais consideré ces heretiques que comme des violateurs de la Majesté de IESVS-CHRIST: qui a estudié la Tradition de l'Eglise durant trente années pour se rendre capable de les conuaincre à la veuë de toute l'Eglise gallicane : qui a soutenu qu'ils renoncent IESVS-CHRIST sur l'autel comme les Iuifs l'ont renoncé sur la croix : luy que feu Monsieur Charpentier superieur du Mont-Valerien tres-pieux Prestre son amy particulier & de tout Port Royal & vn tres-illustre Magistrat le sçachant tres-zelé pour la religion catholique, & tres-capable de la defendre contre les Caluinistes, auoient engagé à soustenir la verité de ce mystere par des volumes entiers, ausquels il auoit desia trauaillé plusieurs années, & que sa prison seule, qui en recompense a produit ses belles lettres, l'a empesché d'acheuer : luy qui a composé *trois Traittez de deuotion* pour exciter les catholiques à reuerer ce grand Sacrement : luy qui a remply toutes ses lettres d'vne infinité de sages & de tres-saintes instructions sur ce sujet, & y a laissé des marques immortelles de sa deuotion extraordinaire pour ce mystere de nostre foy : luy qui assistant en vne maladie mortelle, vn Conseiller du Parlement, Chanoine de nostre-Dame son amy, qui auoit abjuré l'heresie de Caluin, & estoit tres-bon catholique, & luy representant, quelle consolation les fidelles auoient dans l'Eglise de receuoir auant que mourir leur Sauueur mesme qui deuoit estre leur juge, & l'échauffant par cette chaleur celeste dont il estoit embrasé sur ce sujet, le toucha si fort, que ce pieux Ecclesiastique se tournant vers luy, luy dit dans le transport d'vne sainte joye ces mesmes paroles : *Verba vitæ æternæ habes*, selon que je l'ay appris de la bouche d'vn des plus pieux, des plus sçauans, & des plus celebres Magistrats de France : luy qui ne parlant aux autres que de l'abondance de son cœur, & par sa pieté changeant en vn feu brûlant toutes les lumieres que sa science decouuroit dans ses estudes & dans ses trauaux sur les Peres de l'Eglise pour la defense de cette grande & si importante verité, n'a jamais durant les dix dernieres années de sa vie, soit dans ses sacrifices estant sain, soit dans ses communions estant malade & languissant, receu IESVS-CHRIST que comme s'il eût deu mourir peu de temps apres, & comme saint viatique : luy enfin que Dieu a voulu recompenser de sa deuotion & de son zele, en faisant vne espece de miracle pour le luy faire receuoir des mains de son propre Curé auant la mort, puis qu'il suspendit & arresta tout d'vn coup vne apoplexie qui luy auoit osté tout sentiment, & luy rendant la liberté de l'esprit, & celle mesme de la parole pour luy faire receuoir cette souueraine consolation qui luy auoit tousiours esté si precieuse, le tira du monde deux ou trois heures apres qu'il eut receu son Sauueur.

Explication des ceremonies de la Messe. Exercices de deuotion durant la Messe. Raisons de la suspension du saint Sacrement dans *la Theologie familiere*.

Iugez, Monſieur, ſi les Religieuſes de Port Royal qui ſont filles du grand ſaint Bernard, l'vn des plus zelez de tous les Peres pour la ſainte Euchariſtie, & qui a fait les plus grands miracles par la puiſſance & la majeſté de ce Sacrement auguſte, qui ſont ſœurs de ſainte Iulienne vierge Bernardine, qui porta le Pape Vrbain IV. à eſtablir en 1264. la feſte que toute l'Egliſe celebre en ſon honneur: qui eſtant confirmées & animées dans leur feruente deuotion par feu Monſieur de ſaint Cyran, & par ſes amis depuis ſa mort, ont embraſſé vn Inſtitut & vn Ordre tout nouueau approuué par noſtre ſaint Pere le Pape Vrbain VIII. & par Monſeigneur l'Archeueſque de Paris pour rendre de nouueaux hommages à IESVS-CHRIST dans l'Euchariſtie: qui ont eu pour principal but, comme elles l'ont exprimé elles-meſmes, de recompenſer en quelque ſorte l'horreur des blaſphemes & du meſpris des Caluiniſtes, par la pieté de leurs reſpects, & de la continuelle aſſiſtance qu'elles luy rendroient, & quelles luy rendent durant le jour & durant la nuit: qui ſont les premieres & peut eſtre les ſeules Religieuſes de France, qui ſoient, non ſeulement filles de ſaint Bernard, mais encore filles du ſaint Sacrement: qui luy ont conſacré & leurs perſonnes & leur habit & leur nouuelle Egliſe de Paris, ſur la porte de laquelle ils ont fait écrire en lettres d'or: *l'Egliſe du ſaint Sacrement:* qui en celebrent l'Office tous les Ieudis de l'année: qui toutes les fois qu'elles le reçoiuent (ce qui eſt tres-ſouuent, ſçauoir tous les Dimanches, les Feſtes, & les Ieudis, & pluſieurs autres jours de deuotion, quoy que la calomnie, qui ne veut jamais s'informer de la verité, de peur d'eſtre conuaincu, de ſes impoſtures par ſes propres yeux ait publié le contraire) ſe tiennent auparauant toutes proſternées en terre comme les Chartreux durant l'éleuation: & enfin qui ont prié depuis deux ans vn de leurs amis de compoſer vne Traditiõ Latine & Françoiſe ſelon l'ordre des ſiecles recueillie de la doctrine des ſaints Peres & des exemples de l'hiſtoire Eccleſiaſtique touchant la verité, les grandeurs, & la sainteté de ce mystere, qui leur seruant de lecture tous les jours de l'année où elles en chantent l'Office, puisse seruir d'vne part à la conuersion des Caluinistes, & de l'autre à l'edification de tous les fidelles & vertueux catholiques. Iugez, dis-je, Monsieur, si *ces filles de Port Royal* & du saint Sacrement, *tant qu'elles persisteront dans les sentimens de leurs Directeurs*, qui ne vont qu'à l'imitation de la vie de IESVS-CHRIST, à la pratique exacte du vray esprit & des regles des saints fondateurs, & à vne tres-pure & tres-frequente participation de l'Eucharistie, comme le sçauent tous ceux qui les connoissent par eux-mesmes, & non par les libelles injurieux de ceux qui se plaisent à les décrier, ne sont pas encore plus éloignées de Geneue & de Charenton, que les Colleges & les maisons des Iesuites dont le P. Iarrige sortit pour se faire huguenot il y a trois ans.

XXVIII. Combien c'est vne noire calomnie, que les disciples de saint Augustin soient prests d'abandonner l'Eglise Romaine, pour se jetter dans le party des Caluinistes.

MAIS IE passe plus auant, Monsieur, & soustiens, que quand il n'y auroit pas ce grand chaos de tant de differens articles de foy, dont celuy du S. Sacrement est le principal, qui separe l'Eglise Catholique, dont le Port Royal & les autres Theologiens qui deffendent Mr d'Ipre font vne partie, d'auec la secte abominable & fanatique de Caluin, comme il n'y auoit autrefois qu'vn seul article qui la diuisoit d'auec les Sabelliés, les Nouatiens, les Ariens, les Macedoniens, & tant d'autres heretiques, ce qui n'a pas laissé de causer vne horrible opposition entre les catholiques & ces heretiques; & mesme quand il n'y en auroit aucun qui regardast la foy, mais seulement celuy qui regarde la charité, sçauoir le point capital de *la communion auec l'Eglise Romaine*, que tous ses miserables heresiarques du dernier siecle au nombre de plus de 60. ont abandonnée, ce seul point, qui est joint auec tant d'autres, rendroit les Docteurs catholiques disciples de saint Augustin ennemis mortels de ces perfides, qui apres auoir vescu de la foy de l'Eglise pendant qu'ils demeuroient dans sa communion sainte, comme les enfans viuent de la nourriture de la mere pendant qu'ils sont dans ses entrailles, ont perdu cette vie diuine en dechirant comme des viperes le sein de cette diuine mere. Car le mesme saint Augustin, qui nous apprend toutes les grandes & sublimes veritez de la Grace, nous apprend aussi : *Qu'vne des principales choses qui le retenoit dans l'Eglise estoit la succession perpetuelle des Souuerains Pontifes depuis le pontificat de saint Pierre Apostre, à qui nostre Seigneur apres sa resurrection, a recommandé la conduite & la pasture de ses brebis, jusqu'au pontificat du Pape qui viuoit alors.* Le mesme Saint dit aux Donatistes dans ce Pseaume abecedaire qu'il composa pour son peuple : *Comptez les Papes qui ont esté assis dans le siege de Rome depuis saint Pierre, & voyez dans cet ordre de Peres qui sont ceux qui ont succedé les vns aux autres. C'est-là la pierre que les superbes portes de l'enfer,* c'est à dire les puissances infernalles, *ne peuuent vaincre.* Et il dit pour tous les fidelles dans vne de ses lettres : *Que la principauté du siege apostolique a tousiours fleury dans l'Eglise Romaine.* Et saint Prosper, que Monsieur le Cardinal du Perron appelle *vn autre saint Augustin*, a appris aux mesmes fidelles cette mesme verité fondamentalle en ces beaux vers traduits du latin.

Aug. contra ep. fundamenti c. 4.

Id. Psal. contra part. Donati.

Ep. 162.

Du Perron Repliq. ch. 30.

Traduction du Poëme de saint Prosper 2. l. dit.

ROME, *throsne de Pierre, honneur de l'Vniuers,*
Qui bien qu'elle ait dompté tant de peuples diuers,
Plus grande par la foy que jadis par la guerre
Estant chef de l'Eglise est le chef de la terre.

Et le mesme Monsieur Iansenius Euesque d'Ipre si fidelle interprete de saint Augustin a traité formellement ce point, qui decide tous les autres, contre les Ministres Caluinistes de Hollande. Il l'a fait d'abord dans cet illustre *Antidote*, qu'il publia pour les catholiques de Boisleduc, où il leur remontre par saint Pacien, par saint Irenée, & entr'autres par saint Augustin, que hors la communion de l'Eglise Romaine, il n'y a point de salut, & dit à tous ces heretiques Caluinistes : *Il faut que malgré vous & malgré la fureur & les blasphemes de tous les ennemis de l'Eglise catholique, qu'elle combat dans tout l'Vniuers, vous laissiez à l'Eglise Romaine, qui est la plus celebre,*

Alexipharm. ciuibus syluæduc propinatum aduersus Ministrorum suorum fascinum. *p. 580. 581.*

Ib. p. 585.

la plus ancienne, & la plus estenduë, le nom de Catholique, qui est venu de la foy & de l'Eglise de Rome. Et s'adressant à son maistre saint Augustin il leur dit : *Criez, tres-saint Augustin, criez, afin que tous ceux qui ont abandonné l'Eglise Romaine escoutent vostre voix si salutaire.* Ibid.

Le mesme Prelat dans sa response au liure du Ministre Voüet fait des chapitres entiers, où il soustient de nouueau : *Que le siege de Rome est le centre de l'Eglise, & que toute l'Eglise separée de ce siege ne peut estre catholique, mais seulement heretique & schismatique.* Il soustient en des chapitres entiers : *Que la succession de la doctrine n'a jamais esté interrompuë dans l'Eglise Romaine.* Il le montre encore dans le traité qu'il a fait *du schisme* contre les mesmes Caluinistes. Et ç'a esté sa reuerence pour cette Eglise, qui l'a porté a entreprendre son grand ouurage, ayant appris d'elle par la bouche de tant de grands Papes : *Que celuy qui veut sçauoir, quelle est la doctrine de l'Eglise Romaine touchant la Grace & le libre arbitre n'a qu'a lire les ouurages de saint Augustin*, & que la doctrine de ce Pere est *la regle* de tous les sentimens des Docteurs & des Theologiens. Apres qu'il a receu d'elle cette mission, qu'elle donne à tous les Docteurs des Facultez catholiques, & qu'il a rassemblé par vn enchaisnement admirable de tous les principes de saint Augustin & vne foule inombrable de passages, tous les sentimens de ce saint Docteur pour discerner la pure doctrine de l'Eglise d'auec celle qui l'altere, il est venu l'offrir estant Euesque à cette mesme Eglise Romaine, ayant sousmis son ouurage au Pape, & à la teste de son liure & à la fin de sa vie par son testament, comme sainte Therese a fait les siens.

Spongia notarum, &c. c. 56.

Ib. c. 57.

De schismate c. 89 Caluinianis schismatis rei.

Hormisdas Papa ep. 70. ad Possessorem.

Le Pape Clemẽt VIII.

Apres cela neantmoins les Iesuites sur la foy de Labadie, qui veut persuader par sa seule autorité contre les propres paroles & les decrets formels des Papes, que la doctrine de saint Augustin a esté rejettée de l'Eglise Romaine, & que celle de Molina, que les deux Papes Clement VIII. & Paul V. apres de si longues & de si celebres conferences ont condamnée en plus de cinquante articles comme Semipelagienne & Pelagienne par les decrets de la Congregation *de auxiliis*, & par vne Bulle toute dressée, dont l'affaire de Venise fit differer la publication lors qu'elle alloit estre faite, est celle de Rome, les Iesuites, dis-je, sur la foy de ce menteur ont osé soustenir, pour egaller les Apostats en matiere d'imposture, [a] *que Monsieur d'Ipre a composé son ouurage contre l'Eglise Romaine*, & que les Docteurs de Sorbonne, qui deffendent ce grand & pieux Euesque, sont tous prests d'abandonner la communion Romaine : [b] *qu'ils cachent dans leur cœur le venin de Caluin, & le font couler dans les aureilles de leurs auditeurs & confidens, attendant le temps fauorable de suiure à découuert & sans feintise l'exemple deplorable de Labadie.*

a Sub Augustini Hippon. ep. sanctissimi speciosa larua auxiliares Caluino Lutheroque copias aduersus Romanam Ecclesiam comparare ac submittere non erubuit. *Triumph. cathol. verit. catholicis lectoribus.*

b *Le grand chemin du Iansenisme au Caluinisme. p. 14.*

XXIX. Que Labadie mesme a reconnu combien les deffenseurs de la grace estoient fortemẽt attachez à l'Eglise Romaine.

MAIS IE me trompe, Monsieur, les Iesuites en cette rencontre n'ont pas seulement egallé, ils surpassent de beaucoup la mauuaise foy de ce mal-heureux escriuain. Car parmy tant de mensonges ridicules qu'il auance touchant la doctrine de S. Augustin & l'ouurage de M[r] d'Ipre, au moins n'a-t'il pû trahir sa conscience touchant la fermeté de la foy qu'il a reconnuë en ces Docteurs catholiques, pour demeurer vnis inuiolablement & irreuocablement *à l'vnité de l'Eglise, qui est dans le siege apostolique de Rome comme dans son centre*, ainsi que dit Monsieur d'Ipre. Les premieres paroles de sa lettre *à ses amys* DE LA COMMVNION ROMAINE sont celle-cy, *Me doutant bien que la lecture de la Declaration que j'ay faite de ma* SEPARATION DE LA COMMVNION ROMAINE, *& que j'ay publiée le 1. jour de la presente année 1651. & mesme* LA SIMPLE VEVË DE SON TITRE EST POVR VOVS CAVSER DE L'ESTONNEMENT, *j'ay creû la deuoir faire suiure de cette lettre, &c.* Et en la p. 41. *Il est vray que pour y venir* (à l'Eglise pretenduë reformée) *vous auez vn pas à faire, lequel je ne sçay si vous aurez le courage de franchir. C'est luy qui me fournit le sujet d'vn onziesme aduis que je vous donne, sur lequel je vous prie de vouloir faire reflexion aussi bien que pour ce qui concerne vostre bien que pour ce qui regarde mon estat.*

Sedes Romana centrum Ecclesiæ. *Cornel. Iansen. Iprens. Spongia notar. Hisberti Voetij Ministri Syluadus c. 56. De successione Ecclesiæ Romanæ.*

C'est en vous DESABVSANT DE LA MAVVAISE IDEE

QVE

QVE VOVS AVEZ DE LA RELIGION REFORMEE DE VOVS DEFAIRE DE LA BONNE, ET SANS POINT DE DOVTE TROP BONNE QVE VOVS AVEZ DE LA ROMAINE, *de laquelle vous estes en verité aussi dangereusement abusez qu'injustement preuenus. Quand je considere l'estat de plusieurs de vous, assez esclairez des principalles veritez, & que je regarde la raison qui vous tient encore dans la communion de l'erreur, je trouue que la* PRINCIPALE EST CETTE CHAISNE ROMAINE, *qui tient tousiours vos esprits aussi-bien que vos corps aux fers. La fausse idée de la primauté, souueraineté & infaillibilité de cette Eglise, de son chef, de son corps, & de tout son estat, vous tient* SI FORT ATTACHEZ, *que quand, pour le dire ainsi, vous verriez l'idolatrie, l'heresie, & l'impieté y regner ouuertement, comme en effet elles y regnent, sous pretexte que* VOVS LA CROYEZ L'EGLISE, *& l'Eglise premiere, souueraine & infaillible, vous n'oseriez non pas l'accuser, mais la soupçonner mesme d'erreur.*

Iugez, M^r, si ce tesmoignage rendu à des Docteurs catholiques par vn apostat touchant *leur attachement à la communion de l'Eglise Romaine* qu'il a reconnu en eux pareil à celuy qu'ils ont à *la doctrine de saint Augustin*, parce que *c'est celle de la mesme Eglise Romaine*, ainsi qu'ils l'ont appris d'elle, lors mesme que cet apostat leur veut faire accroire qu'en plusieurs articles de la grace ils sont d'accord auec Caluin, ne doit pas faire auoüer à tous les sages, que les Iesuites ont commis vn horrible scandale dans l'Eglise, vne injure signalée contre des seruiteurs & des seruantes de Dieu, & vn mensonge tres-odieux contre la verité qui est Dieu mesme (à laquelle cet imposteur, des paroles duquel ils se seruent, comme s'ils les tenoient toutes veritables, rend vn tesmoignage si glorieux) lors qu'ils ont publié, *Que le Iansenisme est le grand chemin au Caluinisme : que tost ou tard le Iansenisme conduit au Caluinisme, & que le Port Royal est plus proche de Charenton & de Geneue, que de Rome & de nostre-Dame de Paris.* Car est-ce estre *proche de Geneue*, que d'auoir des sentimens si aduãtageux du saint Siege apostolique *de Rome*, que ce mesme Labadie, qu'ils disent *enseigner ce grand chemin*, reconnoist luy-mesme que nous auons? Auec quels yeux ceux *qui ont* selon ses paroles, *vne si mauuaise idée de la religion reformée*, *& vne si bonne de la Romaine*, & *en sont si fort abusez, preuenus & enchaisnez*, ceux qui croyét si sincerement, & *si fortement* comme il le confesse, *que l'Eglise Romaine est l'Eglise*, (remarquez ce terme, Monsieur, qui est conforme à ce qui se voit dans S. Gregoire de Tours & autres auteurs anciens que *catholique & Romain ne sont que la mesme chose*) *qu'elle est la premiere, souueraine, infaillible, & qui, quand ils y verroient*, ce qu'ils n'ont garde d'y voir, puis qu'ils ont appris de leur maistre S. Augustin, *que c'est la pierre que les superbes portes de l'Enfer ne peuuent vaincre, n'oseroient, non pas l'accuser, mais la soupçonner mesme d'erreur*, peuuent-ils regarder *Geneue & Charenton*, où cette Eglise qu'ils honorent jusques au plus haut point de reuerence que les fidelles luy puissent rendre, est traitée *d'impie, d'heretique & d'idolatre*, comme elle l'est de Labadie mesme, qui estant apostat, parle le langage des apostats.

Psal. contra part. Donati.

L'idolatrie, l'heresie, & l'impieté regnent dans l'Eglise Romaine. *Labadie cy-dessus.*

Iugez, Monsieur, si ces Docteurs catholiques, qui benissent & cherissent cette *chaisne de la communion Romaine*, plus precieuse encore que les chaisnes sacrées des *deux Princes des Apostres qui ont fondé & estably cette Eglise, à laquelle il faut que toute Eglise soit vnie à cause de sa principauté sureminente*, comme dit saint Irenée, & qui s'y tiennent heureusement *& fortement attachez* aussi-bien que saint Augustin, que Monsieur l'Euesque d'Ipre, & l'illustre Aurelius, qui l'ont tant releuée par leurs escrits, sont prests de rompre cette chaisne sainte, à laquelle la charité catholique & generale & leur pieté particuliere les lie, sous pretexte qu'vn visionnaire & vn libertin l'a rompuë par la crainte d'estre puny de ses crimes & par desespoir.

Iren. lib. 3. c. 3.

XXX. *Que ceux qui quittent l'Eglise ne seruent qu'à*

COMME saint Paul dit: *qu'il faut qu'il y ait des heresies, afin que les vrais fidelles soient éprouuez & reconnus publiquement:* aussi l'exemple funeste & lamentable de Labadie aussi-bien que celuy du Pere Iarrige n'a fait que les fortifier dauantage, en les tenant plus attachez que jamais de ces liens si doux de la foy & de la charité catholique, dont nous sommes liez par la main mesme du S. Esprit auec l'Eglise sainte nostre mere, de laquelle nous receuons la nourriture & la vie, & hors laquelle nous sommes la proye de la mort & de l'enfer. Car saint Augustin nous apprend, que la sortie d'vn homme heretique hors de l'Eglise, sert aux enfans de l'Eglise. *Dieu pourroit souffrir*, dit-il, *que ces personnes preuenuës d'erreur y demeurassent tousiours, mais s'ils y demeuroient, nous ne tirerions aucun profit d'eux: au lieu que lors qu'ils s'en separent, & qu'ils nous troublent par les malicieuses disputes qu'ils forment, ils nous seruent, & d'occasion pour rechercher la verité, & d'exemple pour nous tenir dans vne crainte salutaire. Car chacun tremble lors qu'il voit qu'vn autre est sorty, comme si sa sortie aduertissoit ceux qui demeurent de se tenir fermes & de prendre garde de ne pas tomber. Ils seruent donc par leur sortie de l'Eglise. Car ils ne seruiroient point s'ils demeuroient dans l'Eglise, en demeurant corrompus comme ils estoient.* Et ailleurs il dit excellemment: *Que Dieu souffre les meschans auec les bons, & ceux qui ne perseuerent pas dans la pieté & dans la foy auec ceux qui y perseuerent: parce que l'ordre du monde est embelly par cette opposition du mal au bien qui sert aux bons, comme vn discours est embelly par les figures des antitheses; & qu'ainsi que le combat des contraires contre leurs contraires dans la rethorique, forme la beauté de l'elocution, aussi le combat de l'apostasie contre la foy, rehausse par l'opposition de ces contraires la beauté du monde, qui est vne eloquence muette composée des choses & des creatures, & non des paroles.*

raffermir les vrais catholiques dans la foy.

Aug. in Psal. 106.

Aug. lib. 11. de ciu. Dei c. 18.

Et il est vray qu'en ces rencontres la foy de ceux qui sont fermes, en est plus manifeste & plus visible, comme dit saint Paul: Car cette manifestation est dautant plus esclatante, qu'ils reluisent, non seulement par la lumiere de leur vertu propre, mais encore par l'opposition des vices & des desordres d'autruy: parce *qu'ainsi que les peintres*, comme dit saint Augustin, *releuent les couleurs vi-*

Aug. serm. 110. de diuers. c. 5.

ues par les noires & sombres qu'ils meslent dans leurs tableaux; *de mesme Dieu* qui a tracé dans l'ordre du monde côme vn tableau de sa sagesse, *a meslé les injustes auec les justes*, & les perfides auec les fidelles, *afin que les ombres des vns releuassent l'esclat des autres.* C'est pourquoy tant s'en faut que ce qu'escriuent les Iesuites par vne insupportable calomnie dans leur *triomphe de la verité catholique*, qui est le triomphe de leurs faussetez particulieres, *que quelques-vns, comme on dit, ont desia suiuy l'exemple du mal-heureux Labadie dans les prouinces de Guyenne, de Normandie, & les autres prouinces de France*, soit veritable, qu'il n'y en a point qui ayent tesmoigné plus d'horreur des actions scandaleuses de cet apostat, aussi bien que de sa reuolte contre l'Eglise, que ceux qui ont esté autrefois ses plus grands amis, & qu'ils sont tous demeurez plus affermis que jamais dans la communion catholique, comme les bons anges furêt affermis dans leur fidelité enuers Dieu par l'infidelité des meschans qu'ils combattirent, & comme les Apostres voyant que les autres disciples abandonnoient IESVS-CHRIST, & que IESVS-CHRIST mesme leur demandoit pour les éprouuer, *s'ils le vouloient quitter comme ceux-là*, luy respondirent par la bouche de saint Pierre, *Domine ad quem ibimus? verba vitæ æternæ habes.* Car ils peuuent respondre le mesme en cette rencontre, puis que l'Eglise est la depositaire des Escritures diuines & des paroles de la vie eternelle: puis que *c'est la maison de la verité*, comme dit Lactance, *& que quiconque n'y entre point ou en sort, perd la vie & le salut eternel.* La trahison de Iudas attrista les mesmes Apostres: mais ne les rendit que plus attachez à leur diuin maistre, & quâd vn sujet se rend rebelle à son Prince & ennemy de sa patrie, les autres tesmoignent plus hautement leur amour & leur fidelité: de sorte qu'il se fait dans l'ordre de la moralle vne espece d'antiperistase, comme dans celuy de la nature, où nous voyons que durant l'hyuer le feu deuient plus chaud par sa resistance au froid qui veut le refroidir ou l'esteindre. Ce qui vous monstre, Monsieur,

Quod infelicis Labadij exemplum secuti nonnulli in Aquitania, Normania, aliisque Galliæ prouinciis jam præstitisse memorantur *Triumph. cathol. verit. p. 290.*

Ioan. 6. 68. & 69.

Lact. lib. 4.

combien cet apostat a eu raison de se défier, que *l'attachement si fort* des disciples de saint Augustin *à la communion de l'Eglise Romaine* ne les y retint tousiours, & combien les Iesuites deuoient par la verité de sa reconnoissance en ce point, détruire les autres faussetez qu'il respand dans son escrit selon le style des apostats; par lesquelles il veut faire croire que la doctrine de saint Augustin l'a conduit au Caluinisme, comme il veut persuader que c'est la parole de Dieu toute pure, & l'illumination du saint Esprit qui l'y a mené.

XXXI. Que le procedé des Iesuites dans cette affaire de Labadie, nous oblige de croire tout ce que le P. Iarrige a dit d'eux durant son apostasie.

MAIS si les Iesuites veulent que nous tenions pour veritable tout ce que les apostats disent pour colorer leur apostasie, ils veulent donc que nous croyïons que leurs predicateurs de controuerse la preschent d'vne maniere si peu edifiante, *en remplissant leurs sermons de paroles ridicules & injurieuses*, qu'ils sont plus propres à jetter les catholiques dans l'heresie, qu'à ramener les heretiques dans l'Eglise; puis que c'est vne des causes que leur Pere Iarrige apporte de ce qu'il s'estoit fait huguenot.

Dans sa lettre au Peré Rousseau Prouincial de Guyenne.

Ils veulent donc que nous croyïons, qu'il y en a parmy eux, & de ceux mesmes qu'ils employent à la conuersion des heretiques, qui sont heretiques dans l'ame, & qui ne croyent ny le purgatoire, ny l'intercession des Saints, & que le seul respect humain empesche d'aller à Geneue; puis que le mesme P. Iarrige soutient: *que plusieurs Iesuites ont eu ce sentiment d'vn de leur plus celebres predicateurs de la Rochelle, & que pour luy* (P. Iarrige) *il estoit asseuré qu'il ne croïoit pas ces deux points de la creance catholique.*

Dans sa Response à Iacques Beaufez, p. 89.

Ils veulent donc, que nous croyïons que tous les Iesuites sont orgueilleux & superbes, & qu'on ne peut pas ne l'estre point viuant parmy eux, la vanité estant comme inseparablement attachée à la robe d'vn Iesuite; puis que c'est le bel eloge que leur donne encore le P. Iarrige, n'ayant point trouué de meilleure apologie pour excuser la vanité & l'ambition qu'ils luy reprochoient, qu'en disant, *qu'ils n'auoient pas besoin de tant trauailler*

Dans ce mesme liure, p. 71.

pour monstrer qu'il estoit plein de vanité, qu'ils n'auoient que faire de suer pour chercher dans ses lettres dequoy la faire esclater à la veuë de la France, que tous les Iesuites à parler dans les sentimens des seculiers & des Religieux, passant pour orgueilleux & pour superbes, il ne pouuoit pas ne point heurler estant entre les loups, & n'estre pas vain entre les orgueilleux; mais qu'ayãt quitté leur robe, il esperoit de se despoüiller de la vanité qui la suit.

Ils veulent donc que nous croyïons que leur gouuernement est si tyrannique, *qu'il n'y a presque personne qui ne soit dans le chagrin & le mescontentement: que la plus-part de ceux qui vont aux missions Orientales & Occidentales, n'y vont que pour euiter les deplaisirs domestiques & les monopoles de leurs freres:* & qu'il n'y a que l'ambition de cet ordre, qui les porte à faire croire *que le zele de la gloire de Dieu a transporté dans ces regions barbares ceux que le déplaisir & les affrons receus ont bannis dans ces pays écartez;* parce que leur Pere Iarrige nous asseure que cela est ainsi, & qu'il ne faut pas s'estonner s'il a esté mécontent estant parmy eux, *n'y en ayant presque aucun qui ne le soit, que c'est pour cette raison qu'il a fait quatre chapitres de leur Politique, afin de monstrer qu'il est impossible de trouuer vne satisfaction raisonnable dans leurs façons d'agir, & qu'ainsi il n'y a pas lieu de trouuer estrange, que viuant dans vne maison de pleurs & de grincemens de dents, il ait crié les hauts cris, & ait grincé les dents comme les autres.*

Dans le mesme liure, p. 74. & 49.

Ils veulent donc enfin que l'on regarde leur compagnie comme vne retraite de personnes tres-dereglées & adonnées à toutes sortes de vices, mesme de ceux que l'on n'oseroit nommer; puis que c'est la peinture horrible qu'en a tracé ce mesme P. Iarrige, & qu'il a accompagnée de tant d'histoires infames & scandaleuses, & auec des circonstances si particulieres & si exactes, qu'il se faut faire vne grande violence pour s'empescher de croire, que la plus grande partie de ce qu'il dit ne soit veritable.

Dans son liure intitulé, *Les Iesuites mis sur l'eschaffaut pour plusieurs crimes capitaux par eux commis dans la prouince de Guyenne.*

Voila ce que les Iesuites veulent que nous croyïons d'eux, puis que les discours de ceux qui quittent l'Eglise leur paroissent si dignes de foy, qu'ils ne craignent point de les prendre pour vn fondement raisonnable d'vne medisance aussi atroce, comme est celle qu'ils répandent par leurs plumes enuenimées, contre l'honneur de tant de personnes aussi catholiques & plus catholiques qu'eux, en les déchirant comme de mal-heureux hypocrites, qui sont huguenots dans l'ame, & n'attendent qu'vne occasion pour l'estre publiquement.

XXXII. Auantages que les disciples de saint Augustin auroient pû tirer contre les Iesuites, de ce qui s'est passé dans l'affaire du P. Jarrige.

Et c'est icy, Monsieur, que je vous supplie de considerer encore vne fois, combien la moderation des defenseurs de la grace, est esloignée de l'aigreur & de la violence des Iesuites. Car il est aisé de voir, que si les aduersaires des nouueautez de Molina n'estoient conduits par vn esprit tout different de celuy de ces personnes passionnées, & s'ils n'auoient vn soin tout particulier de preferer en toutes choses les interests de l'Eglise à ce qui leur pourroit estre auantageux, mesme pour la defense de la verité, qui est l'vnique chose qu'ils ont en veuë dans toutes ces contestations & ces disputes, il leur eust esté fort facile sans rien dire que de juste & de raisonnable de faire des reflexions sur la cheute du P. Iarrige & tout ce qui l'a suiuie, qui n'auroient pas peu seruy à détromper ceux qui ont plus de creance aux Iesuites qu'ils n'en meritent dans l'affoiblissement & la décadence si visible de leur Ordre.

Ne pouuoient-ils pas sans blesser ny la verité ny la charité faire remarquer, que ces Peres ayant eux-mesmes reproché à ce Iesuite, qu'il n'auoit quitté l'Eglise que par vn dépit, que luy auoit causé son ambition & sa vanité, pour n'estre pas dans des emplois assez honorables selon la pensée qu'il auoit de son merite, & ayant produit pour le conuaincre de cet esprit ambitieux vne lettre qu'il auoit escrite à son Prouincial assez longtemps auant sa sortie, où il se plaint auec vne tres-grande opinion de luy-mesme, de ce qu'estant capable de prêcher dans les plus grandes villes auec applaudissement, on ne l'employoit qu'à prêcher dans des villages:

ne pouuoient-ils pas, dis-je, faire remarquer, que l'ambitieuse recherche des emplois si saints & qui sont si redoutables aux ames humbles, comme sont ceux de la predication de la parole de Dieu, doit estre vne chose bien commune & bien ordinaire dans cette compagnie religieuse; puis qu'on ne s'en cache point, & qu'on ose porter des plaintes si opposées au vray esprit de l'Euangile jusques aux oreilles des Prouinciaux ?

Ne pouuoient-ils pas appuyer cette remarque par vne autre encore plus forte, qui est que la societé ayant donné à cet homme depuis mesme cette lettre escrite, qui ne tesmoignoit que trop son ambition & sa vanité tout à fait indigne d'vn Religieux, la qualité de *Pere spirituel*, qui doit regler les deuotions des autres, celle de leur *Predicateur ordinaire* dans leur Eglise de la Rochelle, celle de *Confesseur de tous les Iesuites de cette maison*, & celle *d'Admoniteur*, qui doit aduertir le Recteur de toutes les fautes que l'on remarque dans sa conduite, il faut bien qu'ils ne croyent pas que la vanité & la recherche des emplois honorables, soit vn grand défaut dans la vie spirituelle; puis qu'ils ont jugé qu'vn homme qui faisoit paroistre son orgueil à tel point, qu'eux-mesmes l'ont appellé depuis, sur le tesmoignage des seules lettres qu'il auoit escrites estant parmy eux, *vn balon enflé de vent*, estoit capable d'exercer chrestiennement & spirituellement toutes ces charges, & de seruir de guide aux autres, & à leur Recteur mesme dans la voye de Dieu ?

Ne pouuoient-ils pas les aduertir charitablement, qu'inuentant tous les jours tant de contes faits à plaisir, & tant de fausses histoires, dont le mensonge se descoure par tous ceux qui les veulent approfondir, ils auoiét sujet de craindre qu'on ne leur representast deuant les yeux ce grand nombre d'histoires que le P. Iarrige rapporte de ceux de son Ordre, où il ne parle pas en l'air, mais nomme les personnes qui sont tombez en des desordres honteux, & les lieux où ces actions ont esté commises, renuoye à des tesmoins de qui on peut sçauoir la verité,

verité, où la fausseté de ce qu'il dit : & fait presque par tout vne si exacte discussion des particularitez & des circonstances des faits qu'il rapporte, qu'on n'en demanderoit pas dauantage pour l'instruction d'vn procez ?

Ne pouuoient-ils pas confirmer ces justes soupçons dans l'esprit des personnes sages par cette consideration importante, que le P. Iarrige prenant souuent pour tesmoins des actions qu'il raconte, des personnes de qualité, si ce qu'il dit n'estoit pas, les Iesuites qui n'ont que trop d'amour pour leur reputation, & qui ont assez de credit pour obtenir tout ce qui leur peut seruir à la conseruer, n'auroient pas manqué de tirer des attestations contraires, de ceux que ce Iesuite allegue pour ses garans, & de faire dire par exemple à Monseigneur l'Euesque de Limoges, que c'est vn mensonge impudent au P. Iarrige, d'auoir soutenu que ce Prelat a surpris des lettres d'amour, que de jeunes Iesuites escriuoient à des Religieuses de son diocese, ou à Madame de Monbas de Bearn, qu'il est tres-faux qu'vn de leurs celebres predicateurs se fust efforcé de corrompre vne de ses filles de chambre, & comme il n'y a point de personne de probité qui auroit pû refuser sans crime ces tesmoignages à leur innocence; ne les ayant point demandez, c'est vn violent prejugé, si ce n'est vne entiere conuiction, qu'ils sont coupables de ce dont leur confrere les accuse, & qu'ils n'ont osé presser ces personnes de conditiõ de dédire celuy qui les auoit pris pour tesmoins, parce que ç'auroit esté les presser de combattre la verité, & de mentir contre leur propre conscience, ce qu'il est bien difficile de persuader à des gens d'honneur, quoy que les Iesuites n'en fassent gueres de difficulté, lors qu'il s'agist de conseruer leur reputation par quelque voye que ce soit ?

Ne pouuoient-ils pas confirmer tous ces points par la retractation mesme que le P. Iarrige a faite de son liure en retournant à l'Eglise, estant visible qu'elle ne touche que la maniere aigre & violente dont il a rapporté ces choses, où les exaggerations dont il s'est seruy pour faire paroistre des crimes tres-grands d'eux-mesmes encore plus grands, où les consequences qu'il a tirées du particulier au general; & qu'elle ne regarde point en tout le fond des histoires en soy, n'ayant osé dire d'vne seule, qu'il l'eust inuentée, & qu'il eust faussement accusé vn innocent du crime dont il n'auroit pas esté coupable; ce qu'il estoit obligé de faire, & qu'il auroit fait sans doute dans le desir qu'il tesmoigne de reparer le tort qu'il auoit fait à l'honneur de sa compagnie, s'il l'auoit pû en conscience, & s'il n'auoit craint, que desauoüant des faits veritables & connus d'autres personnes mesme hors les Iesuites, il ne passast luy-mesme pour vn menteur public & sans front?

Retract. du Pere Iarrige. p. 67. suffit doncques de dire que je retracte ce liure pernicieux dás son tout & dans ses parties, sans y comprendre les choses que j'ay dites du P. Rousseau & du P. Beaufez pour ma justification & defense.

Ne pouuoient-ils pas representer, que dans la mesme retractation le P. Iarrige declare, qu'il ne desauouë point ce qu'il a dit pour sa defense DV P. ROVSSEAV SON PROVINCIAL, & du P. BEAVFEZ, quoy qu'il ait chargé l'vn & l'autre de crimes infames, & qu'il les ait dépeints de telles couleurs, que nous ne deuons pas auoir grande estime de la compagnie des Iesuites, si l'opinion que nous deuons auoir des Prouinciaux qui la gouuernent, se peut regler sur le tesmoignage que ce Iesuite nous en a rendu, & qu'il a confirmé dans le liure mesme, que les Iesuites ont publié depuis son retour à l'Eglise?

Ne pouuoient-ils pas enfin donner à conclure de tant de faits si estranges arriuez depuis peu d'années dans vne seule prouince & dans quatre ou cinq maisons, qu'il faut que le déreglement soit grand dans cette societé, & que par vn horrible jugement de Dieu la corruption des mœurs de beaucoup de particuliers, ait succedé à la corruption de la doctrine que le corps souffre & autorise ouuertement; puis qu'estant si fort interessez pour conseruer le credit de l'Ordre, à empescher au moins les pechez grossiers qui emportent auec soy tant de scandale & tant d'infamie, ils n'éprouuent que trop souuent, que les vices de l'esprit se terminent d'ordinaire à ceux du corps, & que les desordres publics de leurs colleges, qui sont les seminaires de leur compagnie, laissent souuent de fort mauuaises racines en de jeunes gens, qui ne quittent pas tousiours toutes leurs mauuaises habitudes pour auoir changé l'habit d'vn escolier peu reglé en vne robe de Iesuite, & estre entré dans vn Ordre, qui a trespeu de soin de mortifier la chair par les exercices de la penitence, à laquelle depuis sept ou huit ans il a declaré vne guerre ouuerte?

Tout le monde peut assez juger, qu'il n'y a eu que l'esprit de la charité chrestienne, & le soin de diminuer plustost que d'augmenter le scandale qui accompagne tousiours la diffamation des Ordres Religieux, lors qu'on represente leurs desordres, non pour les corriger, mais pour en faire rejallir la honte sur l'Eglise catholique, qui est le but qu'ont tous les apostats en ce qu'ils disent mesme de vray contre les Ordres dont ils sont sortis; qui ait empesché les disciples de saint Augustin de tirer aucun auantage de toute cette affaire du P. Iarrige, & qui m'ait encore empesché dans cette lettre, (quelque sujet que les Iesuites nous en donnent) de specifier aucune histoire en particulier, de nommer aucun des Iesuites qui sont nommez dans ce liure, hors les deux qu'il nomme luy-mesme dans sa retractation. Les Iesuites nous deuoient sçauoir gré d'auoir agy enuers eux auec cette retenuë, quoy que leurs aigreurs & leurs calomnies si publiques & si ordinaires les en eussent rendus tres-dignes. Cet exemple de nostre moderation en leur endroit deuoit vn peu arrester leur violence. Ils deuoient gemir & pleurer de la cheute d'vn Prestre qui auoit esté autrefois leur frere, & qui l'a esté durant quinze ans, comme nous auions pleuré de celle d'vn de leurs Peres. Ils deuoient estre brulez du scandale que ces sortes d'accidens peuuent tousiours causer dans les ames foibles, comme Dieu sçait que nous auons esté touchez de douleur pour celuy que leur P. Iarrige pouuoit donner. Ils deuoient employer leurs prieres & leurs larmes pour la conuersion & le retour de cette breby egarée, au lieu de tesmoigner ainsi qu'ils font par leurs escrits médisans, que leur plus grand souhait seroit que beaucoup d'autres qui sont tres saines par la grace de Dieu se perdissent auec elle : comme Dieu sçait encore que nous auons desiré de tout nostre cœur la conuersion de leur frere, & que nous nous sommes réjouïs lors qu'elle est arriuée.

XXXIII. Deux mensonges capitaux de Labadie, que les Jesuites veulēt faire passer pour des veritez, dont le premier est qu'il a tousjours esté dans les sentimens de Caluin.

QVE S'ILS n'auoient pas assez de charité pour entrer dans ces sentimens, au moins ne deuoient-ils pas violer la justice mesme morale, & que des Payens auroiēt gardée, par vn procedé aussi injuste, ou pour mieux dire, aussi criminel qu'est celuy dont il se seruent, pour nous transformer en des heretiques couuerts, qui sont tout prests de quitter l'Eglise, en voulant qu'on adjouste foy à tout ce qu'vn visionnaire & vn Apostat a pû inuenter de calomnieux & de faux pour diminuer l'horreur & l'infamie de son crime : quoy qu'il n'y ait jamais eu de mensonge plus grossier & plus facile à confondre, que celuy que cet homme employe contre luy-mesme pour paroistre tout autre qu'il n'a esté auant son Apostasie, & répandre par ce moyen sur tous ceux, qui alors peuuent auoir eû quelque vnion auec luy, les ordures & la bouë dont il s'est depuis peu couuert le visage.

Car il y a cette difference entre les inuectiues du Pere Iarrige contre les Iesuites, & les suppositions malicieuses du sieur de Labadie contre ses amys d'autrefois, qu'il sera aussi difficile aux premiers de se bien purger de ce que leur frere leur a reproché durant sa reuolte, qu'il est facile aux derniers de conuaincre d'imposture tout ce que l'autre a inuenté pour seruir de pretexte à sa sortie sacrilege de l'Eglise catholique.

Tout ce qu'il dit ne se rapporte qu'à deux chefs. L'vn que ses Amys sçauent à ce qu'il pretend, qu'il a tousjours esté dans les sentimens de la Religion de Caluin. L'autre qu'ils n'en sont pas eux-mesmes fort esloignez.

Or quant au premier, sans parler d'vne infinité de pieces tant manuscriptes qu'imprimées, dont on pourra bien-tost donner vne partie au public, qui justifient le contraire si euidemment, qu'il faut que le sieur de Labadie ait perdu toute pudeur en perdant la foy, & ait entrepris de verifier en sa personne, ce que dit saint Augustin de tous les heretiques *hæreticorum frontem non esse frontem*, pour oser soustenir comme il fait contre sa propre conscience, qu'il ait esté dans les sentimens des Huguenots, tant qu'il a vescu dans la communion de l'Eglise : je me contenteray maintenant pour abreger cette lettre, de vous representer ce qu'il escriuit il y a enuiron trois ans au plus intime de ses amys qui demeure à Amiens, sur vn faux bruit qui courut en ce temps-là qu'il estoit allé à Geneve se faire huguenot, lequel on a sçeu depuis n'auoir pris naissance que de l'equiuoque du nom d'vn des predicans de Geneve appellé aussi Labadie. Voicy les propres termes de cette lettre dont j'ay l'original entre mes mains.

Aug. cont. Iul. lib. 4. c. 3.

Monsieur & amy selon Dieu. Ie ne doute point que vous ne vous soyez estonné souuent de mon long silence : il vous a esté neantmoins facile d'en conçeuoir & penetrer les raison. Dans vn estat de persecution & d'affliction vniuerselle, souuent le temps, souuent le lieu, souuent la santé, souuent les moyens de le pouuoir faire ont manqué, & de nouueaux accidents & incommoditez ont souuent r'ouuert les anciẽnes playes, je semblois pourtant obligé à parler, sur tout en vn temps auquel nos aduersaires faisoient armes & fleches de mon silence, & s'en seruoient pour me descrier, & pour faire mesme croire que je ne parlois que trop DANS DES CHAIRES QVE L'ECRITVRE APPELLE DE PESTILENCE, *& dans la publication de l'erreur. On m'a fait preschant à la Rochelle ou à Geneve, lors que je me taisois dans vne profonde solitude : & on m'a descrié comme peruerty & apostat, lors qu'en verité je l'estudiois & mesme la comprenois ce me semble, & tres-asseurément la reuerois & cherissois dauantage, lors qu'on m'accusoit de mal interpreter l'Escriture, c'est lors mesme que je m'y sousmettois auec plus d'aueuglement & de foy : lors qu'on me*

Cette lettre est du mois d'Aoust 1647.

faisoit combattre nos mysteres, il est certain que c'est lors que je les adorois le plus, & pour les deux particuliers points du saint Sacrifice de la Messe & du culte & intercession des Saints, il est certain que je ne me suis jamais plus vny à l'vn & aux autres, & plus religieusement rendu à vn chacun ce qui leur est deu & ce que leur peut rendre d'honneur vn chetif ver de terre comme moy; que lors qu'on a aussi impudemment que temerairement publié que j'abolissois l'vn & abhorrois les autres: excez que je proteste deuant Dieu haïr plus que les peines d'vn enfer, & que tous les plus estranges estats du monde. Croyez-m'en, je vous prie, en amy, jamais je ne me sentis plus pur en foy & plus respectueux vers tous les points de religion jusqu'à ses moindres ceremonies, &c.

Apres cela jugez, Monsieur, si la mesme plume qui a escrit ces paroles au plus intime de ses amys, a pû depuis sans estre conduite par l'esprit de sathan ennemy de toute verité, escrire dans la lettre, qu'il a addressée à ces mesmes amys depuis son apostasie, ce mensonge horrible, qu'on ne peut lire sans auoir vne extreme horreur d'vne si extreme impudence: *Vous auez*, leur dit-il, *connoissance depuis long-temps de mes sentimens, & plusieurs de mes discours & de mes escrits vous en ont souuent esclaircy. Par consequent jugez vn peu si ceux de la Religion reformée estant les mesmes, il n'estoit pas comme infaillible qu'vn jour nous nous vnirions.* Et vn peu plus bas. *Jugez si je pouuois & deuois faire autrement, que connoissant qu'elle possede les veritez, confesser qu'elle les a.* Et vous, Monsieur, je vous supplie de juger, s'il y eut jamais d'effronterie pareille à celle d'vn homme, qui veut que ses Amis aient sçeu depuis long-temps, que ses sentimens estoient les mesmes que ceux de la religion pretenduë Reformée, lors que non seulement il leur tesmoignoit tout le cõtraire par ses actions, lors qu'il disoit tous les jours la Messe, qui est le comble de l'idolatrie Romaine selon les blasphemes de ces pretendus Reformez: lors qu'il faisoit des liures publics qui portent pour tiltre; *Introduction à la pieté dans les mysteres, paroles, & ceremonies du saint Sacrifice de la Messe:*

Dans sa lettre imprimée à Montauban p. 23. & 24.

C'est vn liure pour la Messe imprimé à Amiés en 1640.

où il ne trauailloit à autre chose qu'à faire adorer auec plus de deuotion & de respect comme des mysteres tout diuins, ainsi qu'ils sont en effet, ce que cette reforme impie oblige tous ses sectateurs de detester comme tout remply d'abus & d'abomination : lors que dans ce mesme liure il confirmoit beaucoup d'autres points de la creance Catholique que les huguenots rejettent auec plus d'aigreur, comme le culte & l'intercession des Saints, la veneration de leurs reliques, la priere pour les morts, le purgatoire, & la descente de IESVS-CHRIST dans les Limbes, le Celibat des Prestres, les merites des justes, la primauté de saint Pierre, & du Pape son successeur, l'eminente dignité des autres Euesques, la reconnoissance de l'Eglise Romaine qui offre ce Sacrifice comme de la vraye Eglise de IESVS-CHRIST, & à laquelle Dieu a reuelé tout ce qui doit estre creu par les vrays fidelles. Mais ce qui sẽble encore plus fort, lors qu'il prenoit la peine de leur escrire de deux cent lieuës pour les asseurer en particulier, non par des discours de viue voix, mais par des lettres écrites de sa propre main, qu'il pouuoit bien croire qu'ils garderoient, qu'il estoit si esloigné de prendre pour des veritez ce que ces pretendus Reformez preschent dans leurs chaires de contraire à l'Eglise catholique, que ces chaires dont il veut faire croire aujourd'huy qu'il a tousiours estimé la doctrine, luy estoient en abomination, comme n'estant selon l'Escriture, que *des chaires d'erreur & de pestilence :* Pour se plaindre qu'on le decrioit comme *peruerty & Apostat,* parce qu'on luy imputoit d'auoir abjuré la Religion catholique, laquelle il abjure maintenant auec vne insolence si prodigieuse. Pour aller au deuant de la calomnie qui l'accusoit faussement de faire alors, ce qu'il fait aujourd'huy auec tant de rage & tant de fureur, sçauoir, *de trauailler à abolir le saint Sacrifice de la Messe, & à ruiner le culte & l'intercession des Saints*, qui sont deux des principaux points de la Reformation de Luther & de Caluin : pour accuser de *temerité & d'impudence* ceux qui faisoient courir ces bruits, & pour *protester deuant Dieu qu'il haïssoit plus que les peines d'vn Enfer ces impietez*, qui sont maintenant l'objet de sa fausse & nouuelle pieté. De sorte que selon ses propres paroles & cette protestation auec serment qu'il fait deuant Dieu, & que Dieu luy representera vn jour comme le principal sujet de sa condamnation, s'il ne sort de bonne heure de l'abysme où il s'est jetté, ce qu'il a fait à Montauban en renonçant au saint sacrifice de la Messe, & en condamnant d'abus & de superstition le culte & l'intercession des Saints, est la mesme chose que s'il s'estoit precipité volontairement dans l'Enfer.

Ie vous demande donc, Monsieur, encore vne fois, si vous auez jamais ouy parler d'vne impudence semblable, & si le diable mesme qui est le pere de mensonge auroit la hardiesse d'escrire à vne personne : *Vous sçauez depuis long-temps que mes sentimens estoient les mesmes que ceux de la religion reformée :* Apres luy auoir escrit. *Ie vous proteste deuant Dieu que j'aimerois mieux souffrir les peines d'vn Enfer, que de croire ce qu'on enseigne dans les chaires de pestilence de cette religion pretenduë reformée contre le saint sacrifice de la Messe & l'intercession des Saints : & je vous puis asseurer que je ne fus jamais plus respectueux vers tous les points de la religion jusqu'à ses moindres ceremonies.*

XXXIV. 2. Mensonge de Labadie, que les disciples de saint Augustin sont prests de renoncer comme luy à la religion catholique.

ET DE LA vous pouuez juger, quelle foy l'on peut adjouster aux paroles d'vn si grand menteur en ce qui est du second point, qui regarde les defenseurs de la grace, lesquels cet homme veut faire croire n'estre pas fort esloignez de faire ce qu'il a fait, & de renoncer comme luy à la religion catholique, l'ayant desia, comme il veut faire croire, abandonnée en beaucoup de dogmes. Car outre que cette pretension si fausse & si outrageuse n'a de fondement que cette imposture horrible contre l'Eglise que je vous ay desia marquée, qui est que les vrais sentimens de saint Augustin touchant la grace (que nous ne soutenons, que parce que nous sçauons tres-certainement que ce sont les sentimens mesmes de

l'Eglise

l'Eglise Catholique, Apostolique & Romaine, comme elle nous l'a tesmoigné tant de fois par la bouche des Papes anciens & nouueaux) sont des dogmes particuliers à Caluin, & contraires à la foy de la veritable & vnique Eglise, qui est la Catholique & la Romaine : je ne sçay pas, à qui la lettre mesme que je viens de rapporter ne fera pas voir, qu'il n'y eust jamais de mensonge plus impudent que la maniere dont il parle de ses amis, comme ayant assez d'inclination pour suiure l'exemple de son Apostasie; puis qu'il paroist par cette lettre que tant qu'il a eu commerce auec eux il les a creu si fermes dans la foy & dans la religion Catholique, que dans le bruit qui auoit couru qu'il s'estoit fait huguenot, il creut ne pouuoir conseruer leur amitié, qu'en les aduertissant luy-mesme de la fausseté de ce bruit, & leur protestant auec serment qu'il n'y auoit rien dont il fut plus esloigné que de quitter jamais la religion catholique.

XXXV. Qu'il est tres-faux que M. Hillerin ait voulu faire Labadie Curé de S. Merry, comme l'ont escrit les Iesuites.

IE POVRROIS adjouster beaucoup d'autres choses sur l'vn & l'autre de ces deux points, & pour ruïner quelques faussetez moins considerables, que les Iesuites ont meslées dans leur libelle parmy leurs plus sanglantes injures, comme lors qu'ils disent, que Monsieur Hillerin estant Curé de S. Merry luy voulut resigner sa Cure, ce qui est si faux, que Monsieur Hillerin a declaré depuis peu par escrit à l'vn de ses amys, n'en auoir jamais eu la moindre pensée; que lors qu'il se deffit de sa Cure entre les mains de Monsieur du Hamel Docteur de Sorbonne, le sieur de Labadie estoit à 150. lieuës de Paris, & qu'il a eu si peu d'habitude auec luy, qu'il n'en a jamais receu qu'vne lettre, à laquelle il ne fit aucune response.

XXXVI. Labadie infecté du Caluinisme, si on l'en croit, dés le temps qu'il estoit Iesuite.

MAIS IE viens d'apprendre Monsieur, qu'vn Theologien de vertu & de suffisance trauaille presentement à defendre l'honneur de l'Eglise contre les vaines attaques de cet Apostat. Et ainsi ne doutant point que toutes ces choses & plusieurs autres encore ne soient beaucoup mieux traitées dans ce liure, qu'elles ne pourroient estre dans cette lettre, je vous supplie seulement de me permettre de vous faire remarquer, à quoy les Iesuites s'engagent quand ils nous debitent les mensonges de ce deserteur de l'Eglise comme des tesmoignages, sur lesquels on doiue prendre tous ceux qui defendent contre leurs erreurs la doctrine de saint Augstin pour des huguenots couuerts, ou plustost pour des impies, qui croyant vne Religion font profession d'vne autre. Car remarquez je vous prie ces paroles de sa declaration, que les Iesuites mesmes rapportent dans leur libelle : *Dieu voulut qu'il arriua que quelques-vns de mes escrits ayant esté veus de ceux en la societé desquels je viuois, & estant rigoureusement examinez selon les maximes de leur science, y furent trouuez si peu conformes*, QV'ILS LES CENSVRERENT DE CALVINISME. Cet homme comme nous auons desia dit est sorty des Iesuites dés l'année 1639. le 17. d'Avril, lors qu'on ne parloit point encore en France du liure de Monsieur d'Ipre, qui n'y fust imprimé & publié qu'en 1641. Il faut donc que les Iesuites reconnoissent, puis qu'ils veulent que l'on adjouste foy à ses paroles, que c'est parmy eux-mesmes qu'il a pris les sentimens de Caluin : & qu'ainsi ce n'est point du *Iansenisme*, mais du *Molinisme* qu'il a passé *au Caluinisme* : Qu'il en a trouué *le chemin* estant encore dans leur Societé, & lors qu'il estoit impossible qu'il eut veu le liure de Monsieur Iansenius : Que les Iesuites mesmes l'ont sçeu & l'ont reconnu par *ses escrits* : Et que cependant quelque huguenot qu'il fust dans l'ame si nous l'en croyons, ces gens si zelez, qui en auoient connoissance, n'ont pas laissé de le retenir dans leur Compagnie, & de l'estimer & de l'honnorer, jusqu'à ce qu'il en soit sorty malgré-eux, & les ayant forcez par ses importunitez & par ses instances de luy donner son congé, comme il a esté justifié cy-dessus.

Dans sa Declar. p. 67.

XXXVII. Combien l'excez que les Iesuites commettent en cette rencôtre est grand deuant Dieu.

VOVS VOYEZ donc, Monsieur, en combien de differentes manieres ce que les Iesuites ont creu leur pouuoir seruir, pour deshonnorer parmy le peuple les defenseurs Catholiques des veritez de la Grace, retourne à leur propre confusion. Mais prions Dieu que cette confusion leur serue à estre plus sages & plus moderez; à craindre dauantage les terribles jugemens de Dieu sur ceux qui calomniẽt leurs freres d'vne maniere si indigne & si outrageuse ; à ne pas prendre le party d'vn apostat contre vne infinité de Catholiques, en autorisant les mensonges dont il a tasché de les noircir, pour les associer dans son crime ; & à espargner au moins l'honneur de l'Eglise, qu'on ne peut gueres blesser dauantage qu'en répandant parmy le peuple cette fausseté si auantageuse à ceux qui la haïssent le plus, qu'vn grand nombre de personnes qualifiées & qui ont acquis vne estime non commune de suffisance & de pieté sont tout disposez à la quitter, & à se ranger du party de ses plus mortels ennemys.

Il est difficile de comprendre que la passion ait eu tant de force sur des Religieux & des Prestres, que de les engager dans vne mesdisance si atroce & si punissable selon toutes les loix & diuines & humaines. Mais peut estre que Dieu l'a permis, afin que la grandeur de ces excez, qui ne peuuent estre qu'odieux à toutes les personnes d'honneur & de probité, les fist r'entrer dans eux-mesmes, & examiner de quel esprit ils sont poussez ; puis qu'il les engage en des actions, qui tiennent plus de la malice du Demon, que de la foiblesse de l'homme. C'est la priere que nous faisons pour ceux qui nous persecutent : C'est la benediction que nous demandons à Dieu pour ceux qui nous chargent de maledictions & d'injures. Leur violence va jusqu'à ce point, que se joignant à vn Apostat ils voudroient aussi bien que luy nous auoir chassez de l'Eglise ; apres auoir autrefois excité en vain les puissances de la terre par des paroles de feu & de sang à nous faire sortir du monde par vne mort violente. Ils renouuellent contre nous la plus inhumaine de toutes les persecutions, qui est celle dont se plaint Dauid, lors qu'il dit *que ses ennemys le vouloient exclure de l'heritage du Seigneur, en luy disant, va-t'en & sers les Dieux estrangers.*

XXXVIII. Qu'o ne peut estre vray disciples de S. Augustin, sãs estre aussi fortement attaché à l'Eglise Catholique qu'à la doctrine de la Grace.

MAIS auec la grace de Dieu tout cela ne seruira qu'à nous rendre plus fermes dans la foy & dans la cõmunion sainte de l'Eglise catholique. C'est l'amour que nous auons pour cette diuine Mere qui nous oblige de ne pas abandonner lafchement le depost sacré de la verité que nous auons receu d'elle : & ne soustenant la doctrine de la grace, que saint Augustin nous a enseignée, que parce que les Papes & les Conciles nous ont asseurez, que c'est de ses liures que nous pouuons apprendre ce que l'Eglise croit de la grace & du libre arbitre. Comment le zele que nous auons pour cette doctrine, nous pourroit il porter à abandonner l'Eglise ; puis que nous n'auons point de plus ferme appuy pour la maintenir contre tous les efforts de ses aduersaires, que l'autorité de cette Eglise, qui estant conduite & assistée par l'esprit de Dieu, ne peut pas nous auoir proposé l'erreur & le mensonge pour la verité, lors qu'elle nous a tant de fois proposé les sentimens de saint Augustin pour la regle de nostre creance & de la veritable Theologie dans la matiere de la grace.

Mais de plus, ce mesme saint de qui nous faisons gloire d'estre les disciples, ne nous enseigne pas moins, ainsi que j'ay desia dit à detester ceux qui dechirent le corps de IESVS-CHRIST par le schisme & par l'heresie, qu'à combattre ceux qui font injure à son esprit en ruinant l'efficace de sa grace. C'est de luy que nous apprenons plus que d'aucun autre Pere, qu'il n'y a point de salut pour nous, si nous ne demeurons inuiolablement attachez non à vne Eglise née depuis trois jours, ou qu'on pretende auoir esté inuisible durant plusieurs siecles, telle qu'est la fausse Eglise des Caluinistes, mais à vne Eglise *que Dieu a fondée eternellement, & dont par consequent on ne doit point craindre que le fondement vienne à tomber* : à vne Eglise *qu'on ne peut dire que par une impudence abominable estre jamais perie depuis que le Sauueur l'a vne fois establie sur la terre* : à vne Eglise *qui est la societé chrestienne, originale & radicale pour parler ainsi, dont toutes les heresies*

Aug. De Gestis cũ Emerit. Eph. 204. & 152. in Psal. 88. & alibi passim.

In Psal. 47.

In Psal. 101. & de agone Christ. c. 29. Epist. 42. lib. 13. Cont. Faustũ c. 12. & de symb. ad Catech. lib. ß. 1. c. 5.

sont sorties comme des sermens inutiles retranchez de la vigne, mais qui quant à elle demeure tousiours dans sa vigne, dans sa racine, dans sa charité, & que les portes d'enfer ne surmonteront jamais : à vne Eglise, *qui a pour marque tres-certaine qu'elle ne peut estre cachée comme estant la ville bastie sur la montagne qui ne peut pas n'estre point veuë, comme Iesus-Christ dit dans l'Euangile, & la lampe allumée, non pour estre mise sous le boisseau, mais sur le chandelier, afin qu'elle esclaire à tous ceux qui sont dans la maison:* à vne Eglise, *que tous les heretiques ne veulent pas voir, se monstrant en cela les plus aueugles de tous les hommes de ne pas voir la chose du monde la plus manifeste, & exposée à la lumiere de toutes les nations:* à vne Eglise, *qui puisse estre distinguée de toutes les autres par le nom de* CATHOLIQVE, *parce que celles des heretiques luy imposant diuers noms, au lieu qu'elles ont chacune leur nom particulier qu'elles ne peuuent desauoüer (* comme Lutheriens, Caluinistes, Arminiens, Sociniens, Anabaptistes, Independans *) il paroist assez par là au jugement de toutes les personnes equitables à qui appartient veritablement le nom de Catholique qu'elles veulent toutes s'attribuer:* à vne Eglise enfin *dans le sein de laquelle les plus simples & les moins intelligens puissent estre retenus*, non par la seule pureté de la doctrine, que tous les heretiques, quoy que contraires entre eux se vantent de posseder, & dont les ignorans & les femmes sont peu capables de juger par eux-mesmes, mais par beaucoup d'autres marques tres claires & tres-sensibles, & qui ne peuuent conuenir qu'à elle seule : *par le consentement des peuples & des nations : par l'autorité que les miracles ont commencé à luy acquerir, que l'esperance a nourrie, que la charité a augmentée, que l'antiquité a confirmée : par la succession des Euesques dans le siege mesme de l'Apostre saint Pierre, à qui le Seigneur apres sa resurrection donna la charge de paistre & de conduire ses brebis, & apres tout par le nom mesme de* CATHOLIQVE, *qui est tousiours tellement demeuré propre à cette Eglise seule, non sans vne conduite particuliere de Dieu, que quoy que tous les heretiques veullent estre appellez catholiques, neantmoins quand vn estranger demande, ou s'assemble l'Eglise catho-*

Cont. litt. Petil. l. 1. c. 104. de Vnit. Eccl. c. 14. & Ep. 48.

Cont. Parm. l. 2. c. 3.

De Vnit. Eccl. c. 18. De Vtil. Cred. c. 7.

Cont. Epist. Fundam. c. 4.

lique, il n'y a vn seul heretique qui ose montrer ou son temple ou sa maison.

Voila quelle est l'Eglise, de laquelle ce grand Saint proteste par tout, [a] *que hors d'elle nul ne peut estre sauué:* [b] *que quelque bonne vie qu'il semble mener, il ne possedera jamais la vie eternelle:* [c] *qu'elle est seule le corps de Iesus-Christ: que hors ce corps ny le Sauueur ne justifie, ny le saint Esprit ne viuifie personne;* [d] *& que quelques bonnes œuures que l'on fasse hors son vnité, elles ne peuuent non plus seruir pour se garentir contre la colere de Dieu, que les toiles des araignées contre la rigueur du froid.* Or il est plus clair que le jour, que ces conditions & ces marques de la vraye Eglise ne peuuent appartenir, ny aux Caluinistes de France, ny aux Zuingliens de Suisse, ny aux Lutheriens d'Allemagne, ny aux Sociniens de Pologne, ny aux Arminiens de Holande, ny aux Independans ou aux Presbyteriens d'Angleterre: qui ne sont que *des branches mortes* selon la parole du mesme Saint *qui ont esté retranchées de ce grand arbre qui a estendu ces rameaux par toute la terre, & dont chacun demeure & se seche au lieu où il a esté coupé*: Et ainsi qui ne voit, que tant s'en faut que la doctrine de saint Augustin puisse jamais d'elle-mesme porter vn homme à se faire Caluiniste, ou à sortir de l'Eglise en quelque maniere que ce soit, qu'il est tout à fait impossible qu'vn veritable disciple de ce saint Docteur tant qu'il demeurera tel, tant qu'il aura creance en ses diuines instructions, tant qu'il reuerera son autorité, soit autre que catholique, c'est à dire constant & immobile dans la communion de cette Eglise, qui estant appellée catholique, pour auoir tousiours esté & estre encore plus vniuersellement répanduë que toutes les autres societez qui se disent chrestiennes, est aussi appellée Romaine, parce qu'elle a l'Eglise de Rome pour centre de son vnité, & le successeur de ses Apostres, qui ont fondé cette Eglise, pour son chef visible qui doit veiller sur tous les autres Euesques.

a *Conc. Carth. 4. cui interfuit.*
b *Epist. 152.*
c *Epist. 50.*
d *Cont. litt. Petil. l. 1. c. 140.*
Lib. 4. Cont. Cresc. c. 61.

XXXIX. Que

Et rien ne confirme mieux cette verité, que

l'exemple que Dieu nous en a voulu donner dans la personne mesme de Monsieur d'Ipre. Car ce sçauant Euesque ayant esté engagé lors qu'il n'estoit encore que Docteur de la faculté de Louuain, comme nous auons marqué cy-dessus dans vn fameux combat contre les Ministres de Hollande, où il s'agissoit de defendre toute l'Eglise & toute la Religion catholique contre les attaques insolentes de ses aduersaires, & cette dispute fameuse l'ayant trouué occupé, comme il estoit depuis longtemps, à recueillir auec vn trauail infatigable de tous les ouurages de saint Augustin ses diuines lumieres touchant la grace, il a fait paroistre par les liures admirables qu'il fit alors, remplis d'vn feu & d'vne vigueur toute celeste, & où il n'employe rien tant pour rabbattre l'insolence de ces ennemis de l'Eglise que les armes inuincibles de ce mesme Saint, dont il estudioit la doctrine auec tant de soin, qu'il ne faut qu'estre parfaitement Augustinien, pour remporter la victoire aussi-bien sur ceux qui combattent IESVS-CHRIST en son corps qui est son Eglise, que sur ceux qui le combattent dans son esprit qui est sa grace, parce que ce grand Saint n'a pas soutenu auec moins de zele, moins de force & moins de lumiere l'vnité de l'Eglise catholique, hors laquelle il n'y a point de salut, contre le schisme des Donatistes, que la verité de la grace contre l'heresie des Pelagiens: & comme selon la parole de saint Fulgence ce Docteur incomparable en triomphant de ces derniers heretiques, a triomphé de tous ceux qui dans la suite des siecles deuoient renoueller ou en tout ou en partie leur superbe ingratitude; de mesme aussi en defendant contre les premiers les conditions & les marques de la vraye Eglise, & l'obligation indispensable de l'auoir pour mere à qui veut auoir Dieu pour Pere, il a terrassé tous ceux, qui dans le temps à venir, voudroient establir de nouuelles Eglises contre cette ancienne, & seule veritable espouse de IESVS-CHRIST, & la destruction de ces deux grandes heresies, a pû faire dire de luy auec

M. d'Ipre l'a fait voir par son exemple, & par la maniere dont il a combatu les Caluinistes.

plus de raison que la destruction de Numance & de Carthage, n'a fait dire d'vn des plus illustres capitaines des Romains, *non solum præsentia, sed etiam futura bella deleuit.*

Cicero de Amic.

Lib. Procem. c. 11.

Ainsi Monsieur l'Euesque d'Ipre n'a pas auancé sans raison dans son grand ouurage ce que luy mesme auoit desia verifié dans ses liures contre les Ministres de Boisleduc, que ce saint Euesque d'Hippone a tellement esclaircy la creance que tous les fidelles doiuent auoir de l'Eglise catholique, en a tellement dépeint toutes les veritables marques, qui sont comme les couleurs & les traits de son visage, par lesquels nous la deuons reconnoistre, en a tellement expliqué & confirmé par les Escritures diuines toutes les prerogatiues & les auantages, que celuy-là est le plus fort & le plus habile pour la deffendre contre les attaques de ses ennemis, qui se sçait mieux seruir contre eux de ses armes victorieuses.

Le P. Petau dans son liure de la Penit. publ. l. 1. ch. 1. n. 3.

Apres cela, Monsieur, y eut-il jamais vne calomnie plus odieuse & plus digne de la colere & de l'execration de toutes les personnes justes & equitables, que celle qui attribuë à l'vn des plus grands personnages de l'Eglise, qui a tesmoigné le plus de zele pour sa defense, & qui l'a fait plus glorieusement triompher des Caluinistes ses ennemis, vn dessein criminel & diabolique *d'esleuer le Caluinisme sur la ruine de l'Eglise:* Et qui impute à ceux qui honorent auec cet Euesque, ou plustost auec les Papes & les Conciles la doctrine celeste de saint Augustin, des pensées encore plus noires & des resolutions toutes formées d'aller l'vn de ces jours à Geneue ou à Charenton, pour declarer vne guerre ouuerte à celle qu'ils ont appris & qu'ils apprennent tous les jours de ce mesme Pere, *estre l'vnique maison de Dieu, hors laquelle on ne sçauroit que perir, quand on souffriroit le martyre pour la foy de Iesus-Christ.*

Ep. 204. & de Gestis cum Emerit. & lib. 1. cont. Donat. c. 9.

XL. Qu'il n'y a point de persecution ny de violence qui pust faire sor-

MAIS NOVS ne sommes pas en peine auec la grace de Dieu, de faire mentir ces fausses & abominables propheties. La foy & la charité qu'il luy a pleu de nous donner pour estre inseparablemēt attachez à son Eglise par

par ce double nœud, dont la seule rupture peut faire les heretiques & les schismatiques, ne sont pas si foibles, qu'elles puissent estre esbranlées, ou par les aduis ridicules que nous donne vn visionnaire & vn apostat de l'accompagner dans le precipice, ou par les impostures de ces faux freres, qui se joignent auec luy pour nous faire croire tels que les ennemis de l'Eglise souhaiteroient que nous fussions, ou par les plus mauuais traittemens que nous puissent faire souffrir ceux, qui n'ont desia que trop tesmoigné par des escrits publics combien ils estoient alterez de nostre sang. Quand Dieu permettroit par des jugemens secrets qui sont tousiours adorables, que la mesdisance, qui ne se lasse point de nous décrier par ses mensonges, qui les respand jusques dans les cabinets des souuerains, & qui ose mesme employer des mains sacrées pour nous accuser deuant le tribunal de saint Pierre d'erreurs feintes & supposées que nous detestons, auroit eu assez de force pour faire condamner le phantosme qu'elle auroit formé de nous, en nous faisant passer pour tout autres que nous ne sommes, le mesme Saint, pour la doctrine duquel on nous persecute, nous apprendroit à demeurer calmes au milieu de ces tempestes. Il nous instruiroit & consoleroit en mesme temps par ces belles & excellentes paroles. *Que la prouidence de Dieu permet souuent, que des hommes mesmes vertueux soient chassez de la communion de l'Eglise par des troubles & des tumultes que des personnes charnelles excitent contre eux : Que cela arriue, afin qu'apres auoir souffert auec vne patience extraordinaire cette ignominie & cette injure, pour conseruer la paix de l'Eglise, sans vouloir y former quelque nouueau schisme ou quelque nouuelle heresie, ils apprennent à tout le monde par leur exemple, combien nous deuons seruir Dieu auec vne affection veritable & vne charité sincere. Que le dessein de ces personnes dans ces rencontres est, ou de retourner apres que la tempeste sera passée, ou s'ils ne le peuuent faire voyant qu'elle dure, ou apprehendant que leur retour n'excite les mesmes troubles ou encore de plus grands, ils gardent tousiours la volonté de faire du bien à*

tir de l'Eglise les vrays disciples de S. Augustin.

De ver. relig. c. 6.

ceux mesmes qui les ont chassez par leurs violences & par leurs cabales : & sans faire aucune assemblée particuliere, ils soutiennent jusques à la mort, & confirment toujours par la profession de leur creance la foy qu'ils sçauent que l'on presche dans l'Eglise catholique. Que ces personnes sont couronnées en secret par le Pere qui les voit dans le secret, & que ces exemples paroissent rares; mais qu'il y en a pourtant, & plus qu'on ne sçauroit croire.

Ainsi le mesme Saint dont les aduersaires nous feroient chasser de l'Eglise, si leurs mesdisances diaboliques auoient assez de pouuoir pour nous faire croire tels qu'ils nous representent par leurs libelles sanglans & furieux; nous y feroit demeurer inseparablement attachez mal-gré toutes leurs cabales & toutes leurs violences. Et les exemples de tant d'apostats, qui l'ont quittée autrefois, ou qui la quittent encore aujourd'huy, n'auroient garde de nous toucher, parce que nous auons appris de ce diuin Maistre : *Que soit que les meschans semblent estre dans l'Eglise, soit qu'ils en soient ouuertement dehors, ce qui est chair est chair : soit qu'estant dans l'aire ils perseuerent dans leur sterilité, soit que dans la rencontre de quelque tentation, ils soient emportez dehors comme par le vent, ce qui est paille est paille. Mais que quant aux spirituels, ou qui s'efforcent de l'estre :* (non pas de la fausse spiritualité de quelques visionnaires de ce temps, qui a perdu ce deserteur de la Religion catholique, laquelle n'estant fondée que sur des imaginations & des réueries, degenere en suite en libertinage, & dans les vices les plus grossiers & les plus charnels, mais de cette vraye spiritualité chrestienne, qui ne consiste que dans l'amour de Dieu & la pureté de la vie) ces veritables spirituels qui sont les bons chrestiens *ne sortent point hors de l'Eglise : parce que lors mesme qu'ils semblent en estre chassez par quelque violence extraordinaire, ou de la malice des hommes, ou de la brouïllerie du temps, cette expulsion hors l'Eglise sert d'vne plus grande espreuue à leur vertu, que s'ils estoient toujours demeurez dedans, lors qu'ils la portent auec tant de patience, qu'ils ne s'esleuent point contre elle en aucune sorte, mais s'entra-*

Lib. 1. cont. Donat. c. 17.

cinent, & s'affermissent dauantage sur la pierre solide de l'vnité, par le lien tres-fort de la charité.

Et enfin ce grand Docteur qui ne veille jamais à rien tant, qu'à empescher que l'orgueil ne naisse des vertus mesmes, & ne les estouffe, nous enseigneroit encore à ne nous pas esleuer, quand Dieu nous auroit fait la grace *d'estre du nombre de ces montagnes, qui estant esclairées par le Seigneur, quelque trouble & quelque tumulte que l'on excite contr'elles, ne souffrent point qu'à cause d'elles, personne se retire de l'vnité. Car si Camille*, dit ce maistre incomparable de l'humilité chrestienne, *ayant esté chassé de Rome par ses enuieux apres l'auoir affranchie du joug des Veiens ses plus mortels ennemis, ne laissa pas de deliurer encore sa patrie, quoy que si ingrate enuers luy, des armes victorieuses des Gaulois, parce qu'il ne voyoit point de lieu au monde où il pust viure auec plus de gloire : lors qu'il arriue dans l'Eglise, qu'vn homme est si mal traité par la cabale de ses ennemis, qu'il est reduit à souffrir la honte d'vne degradation infame ; & que neantmoins il ne se porte point ny à se ranger du party des heretiques, ny à se faire luy-mesme l'Auteur de quelque nouuelle heresie contre l'Eglise ; mais plustost à la defendre de tout son pouuoir contre les efforts pernitieux des heretiques ses ennemis : aura-t'il sujet de s'enfler d'orgueil comme s'il auoit fait vne grande chose, puisque cette diuine patrie à laquelle il est demeuré fidelle, comme ce Romain à sa patrie de la terre, n'est pas seulement l'vnique lieu dans lequel il puisse viure auec gloire, mais l'vnique mere dans le sein de laquelle il puisse acquerir la vie eternelle.*

Id. in Psal. 75.

Lib. 5. de Ciuit. Dei c. 18.

XLI. Que les desseins cruels & sanguinaires des Iesuites ne font point de peur aux defenseurs intrepides de la Grace de Iesus-Christ.

VOILA, Monsieur, quelles doiuent estre necessairement les pensées & les saintes resolutions de tous les vrays disciples de saint Augustin. Il ne tiendra pas aux Iesuites que ces humbles enfans de l'Eglise ne les mettent en pratique, & que leur constance ne soit esprouuée par vne si rude atteinte. Cependant que ces partisans du superbe Molina voyent leurs erreurs confonduës & terrassées par de justes volumes, ausquels toute leur *Societé de trente mil hommes*, comme ils disent, n'oseroit entreprendre de respondre, ils remuënt toutes leurs machines pour accabler par faction ceux dont ils redoutent l'esprit & la plume. S'ils font quelques liures pour ne demeurer pas tout à fait muets, ce ne sont que de miserables libelles, où sans traiter à fond aucune matiere, ils ne trauaillent qu'à tromper les ignorans, irriter les passionnez, & effrayer les timides.

Ils n'y parlent de la doctrine, que pour auoir sujet de dechirer les personnes, que pour les noircir de toutes sortes d'injures, & pour ne les menacer de rien moins, que *des prisons, des galeres, des foüets, & des feux*. Ce sont les souhaits de ces bons Prestres : ce sont les leçons de charité que ces deuots Religieux donnent aux grands qu'ils gouuernent : ce sont les tesmoignages de l'amour qu'ils ont pour leurs freres : c'est comme ils imitent la douceur de celuy dont ils s'attribuënt le nom. Mais graces à Dieu nous sommes aussi peu touchez de leurs médisances atroces, qu'effrayez de leurs desseins sanguinaires. *Conuitia eorum, quibus se & vitam suam quotidie lacerant, non timemus: Fustes, & lapides, & gladios, verbera, ergastula, triremes, ignes, quos verbis parricidalibus iactitant non perhorrescimus.* Il ne nous importe, qui soit auteur de nos persecutions, ou qui exerce enuers nous sa cruauté, puisque c'est tousiours Dieu qui permet que ceux qu'il veut couronner tombent entre les mains de leurs ennemis ; & ce ne nous est pas vne honte de souffrir de la part mesme de nos freres ce qu'a souffert IESVS-CHRIST, ny à eux vne grande gloire de faire ce qu'a fait Iudas. *Nihil interest quis tradat aut sæuiat, cum Deus tradi permittat quos disponit coronari : neque nobis ignominia est pati à fratribus quod passus est Christus : nec illis gloria est facere quod fecerit Iudas.*

On peut voir le nouueau libelle intitulé *Triumphus catholicæ Veritatis, &c. p. 51. 150. 95.*

Cypr. Ep. 55. ad Cornelium.

Ce n'est pas par nous, qu'ils ont commencé à auoir ces pensées barbares & inhumaines. Il n'y a que deux jours qu'vn Docteur de Sorbonne me rapportoit, que s'entretenant auec Monseigneur l'Euesque de Chalcedoine, ce sage & venerable Prelat luy auoit dit, qu'ayant esté enuoyé en Angleterre par le Pape Vrbain

VIII. auec toute la puissance que les Euesques ordinaires ont dans leur Dioceses, & voyant que les Iesuites craignoient que son autorité ne diminuast la leur, il n'y auoit rien qu'il n'eust fait pour les adoucir, jusqu'à se soumettre à signer de sa propre main la conseruation inuiolable de tous leurs priuileges : que ne se rendant pas pour cela, il leur auoit promis de se demettre luy-mesme de la charge, que sa Sainteté luy auoit donnée, pourueu qu'ils souffrissent qu'vn autre qui leur seroit plus agreable la pust exercer : Mais que rien n'ayant esté capable de les fleschir, ils auoient bien tesmoigné, que le chassant d'Angleterre ce n'estoit pas seulement vn Euesque mais l'Episcopat mesme qu'ils en chassoient : *Non Episcopum ejecerunt sed Episcopatũ*; ce furent ces propres paroles : Et que pour en venir à bout, & l'obliger necessairement ou à se retirer ou à perir, leur passion contre la Hierarchie les auoit portez jusques à ce point, que de le deferer aux Magistrats heretiques, l'exposant ainsi au peril euident d'vne mort cruelle, plustost que de se soumettre à la puissance sacrée d'vn Euesque. Et cela fust arriué, si Dieu n'eust gardé son oinct par vne Prouidence particuliere, & ne l'eust deliuré en mesme temps, comme saint Paul, de la violence des ennemis de l'Eglise, & des embusches de ces faux freres. Ie ne vous allegue point, Monsieur, vn tesmoin mort, & qui ne puisse plus parler, comme c'est la coustume des Iesuites : Ce pieux Euesque est encore viuant dans Paris, & il n'y a personne qui ne puisse sçauoir de sa propre bouche, si ce que j'en dis n'est pas veritable.

Que si cet exemple d'vn procedé si inhumain, pour ne dire pas si impie, peut causer de la crainte aux ames timides & leur faire apprehender d'auoir quelque different auec des personnes, qui pour satisfaire leur ambition & leur vengeance ne font point de difficulté d'estendre leur qualité de nouueaux *Apostres* jusqu'à celle de nouueaux Iudas, en liurant encore vne fois IESVS-CHRIST, entre les mains de ses ennemis en la person-

Imago primi sæculi Soc. Iesu.

ne d'vn Euesque qui en est la plus grande image. quant à nous, il ne nous donnera que des sentimens de reconnoissance enuers Dieu, qui n'abandonne jamais ceux qui ne se confient qu'en luy, & de compassion enuers les hommes, qui croyent accabler la verité, lors que tout ce qu'ils font ne sert qu'à la faire paroistre, & esclatter dauantage par leurs vaines oppositions. C'a esté le fruit de cette cruelle persecution qu'ils ont faite à Monseigneur l'Euesque de Chalcedoine, la Hierarchie & la dignité des Euesques qu'ils combattoient n'ayant jamais esté plus fortement soustenuë, qu'elle a esté à l'occasion de ce trouble, tant par les Censures du Clergé de France & de la Sorbonne, que par les ouurages incomparables de l'illustre Aurelius. Et ce sera aussi le fruit de celle qu'ils font maintenant aux disciples de saint Augustin, n'estant déja que trop visible que leur procedé si injuste & si violent n'a seruy jusques à cette heure qu'à porter beaucoup de personnes à s'instruire des veritez qu'ils persecutent, & à s'en declarer en suite les defenseurs. Cependant, Monsieur, nous continuërons à prier Dieu, qu'il nous fortifie & qu'il les esclaire, ou que si par vn jugement caché il les laisse dans leurs tenebres, il ne permette pas qu'estant aueugles il en conduisent d'autres dans le precipice. Dieu par sa Grace vous a retiré de ce danger, vous ayant fait voir le peu de seureté qu'il y a de mettre sa conscience entre les mains de personnes, qui se jouënt de telle sorte de la verité diuine, qu'ils condamnent dans les liures de leurs aduersaires comme des erreurs, qui doiuent estre en execration à tous les Catholiques, les mesmes propositions qu'eux-mesmes ont soustenuës dans leurs liures, comme des maximes tres-saintes, establies par les Peres & par les Papes, & decidées par les Conciles Oecumeniques. C'est pourquoy je ne doute point que ce libelle que vous m'auez enuoyé ne vous ait paru plus digne de mespris que de responce, & que ce n'ait esté plustost pour les autres que pour vous-mesmes, que vous auez desiré que je

P. Petau P. Baget.

vous en diſſe mon aduis. C'eſt ce qui m'a porté à m'eſtendre beaucoup plus que je n'aurois fait ſans cela, laiſſant à voſtre prudence de faire tel vſage qu'il vous plaira de cette lettre; puiſque ſoit que vous la publiez, ou que vous la ſupprimiez, je croiray touſiours auoir fait ce que Dieu a demandé de moy en cette rencontre, en obeïſſant à vne perſonne, *cui debeo in Chriſto famulatum*, pour parler auec noſtre maiſtre: ce qui m'oblige tout autrement, que ne pourroient faire toutes les conſiderations humaines, à me dire de cœur & d'affection,

Auguſtin.

MONSIEVR,

Le 1. May 1651.

Voſtre tres-humble & tres-obeïſſant ſeruiteur N. N.

TABLE DES ARTICLES.

ERRATA.

PAge 10. l. 21. qu'il auoit enuoyé, *lisez*, enuoyez.

p. 17. l. 9. sont soupçonnez, *lisez*, est soupçonné, & apres, conuaincu.

p. 21. l. 16. tirent-ils, *lisez*, publierent-ils. *Ib.* Iesuisisme. *lisez*, Iesuitisme l. 24. sans excepter, *lisez*, en excepter l. 35. Chatres, *lisez*, Chartres.

p. 22. l. 9. apostatum, *lisez*, apostatam.

p. 24. l. 2. que par, *lisez*, que pour.

p. 32. l. 27. Vrselines, *lisez*, Vrsulines.

p. 51. l. 16. de depit de vangeance, *lisez*, de depit & de vangeance. l. 35. Theodose *lisez*, Theodote.

p. 52. l. 31. la science, *lisez*, sa science. l. 33. Sympromien, *lisez*, Sympronien.

p. 56. l. 13. d'Alexandrie & Lactance, *lisez*, d'Alexandrie, S. Cyprien & Lactance. l. 15. Caspocratien, *lisez*, Carpocratiens.

p. 59. l. 9. qu'on a fait, *lisez*, n'a fait.

p. 62. l. 18. le throsne, *lisez*, le thresor. l. 28. le plus, *lisez*, les plus.

p 64. l. 33. estant pires en ce point que les catholiques, *lisez*, estant joints en ce point auec les.

p. 71. l. 9. l'Eglise, *lisez*, Eglise.

p. 71. l. 15. Ils surpassent, *lisez*, mais ils. l. 35. aussi bien que. *Effacez* que.

p. 83. l. 29. tres-dignes, *lisez*, tres-indignes.

www.ingramcontent.com/pod-product-compliance
Lightning Source LLC
LaVergne TN
LVHW020406230826
846091LV00004B/1164
9782012846074